予備校に行っている人は読まないでください

改訂版

武田塾塾長
林 尚弘 NAOHIRO HAYASHI

MPミヤオビパブリッシング

はじめに

予備校は成績のいい生徒をタダで通わせています。

模試で成績の良かった生徒、進学校に在籍する生徒は合格実績になりそうだから、予備校側は授業料なんか無料にしてでも通ってほしいのです。予備校は模試を主催していますから、この生徒がうかるか、うからないのか、おおよその見当はつくのです。だから、予備校に入る段階でうかりそうな生徒はタダで通わせます。

ちょっと待ってください。僕は予備校に約２００万円払いました。
僕は予備校から授業料の割引なんてうけたことがない。
これはどういうことなんでしょうか？

僕は予備校から「君は早慶東大には多分うからない」と思われているから、割り引かれなかったのです。予備校は、もとからできる生徒をタダで通わせ実績をつくります。その実績をもとにうからなそうな生徒を集め、授業料を全額支払わせ、利益を出しているのです。そして授業料を全額を払う生徒の多くは合格しません。僕もうからなかった中の1人です。

予備校の合格実績の半数以上がいわゆる「サクラ」だといえるでしょう。122人の難関大学生、難関大学出身者にアンケートを取ったところ96人（78％）が予備校から授業料免除などの割引の通知をうけたということです。

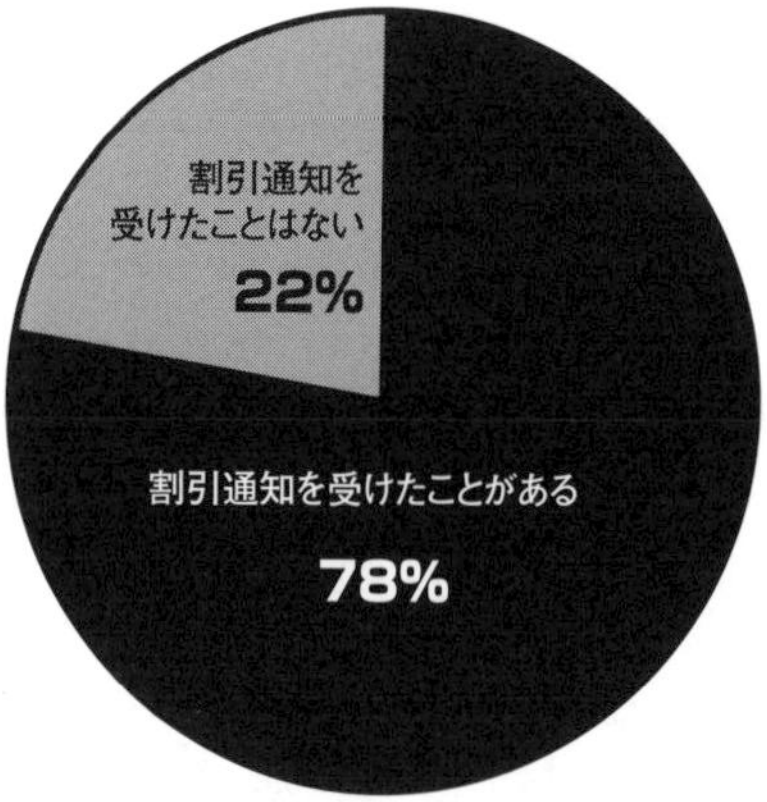

さらに、驚くべきことに、その中で東大生だけを見ると89％の人が割引を受け、割引を受けている中の60％以上の東大生が予備校から学費を全額免除、つまりタダで予備校に通える通知を受け取っていたのです。

僕は断言します。

東大、京大、慶応、早稲田、上智、MARCH（明治大学・青山学院大学・立教大学・中央大学・法政大学）、そして各大学医学部にいたるまで、受験準備のために予備校へ通う必要はまったくない。

繰り返して言います。予備校に通う必要はまったくありません。

僕がなぜ一見、非常識のようにも思えることを言うのかには論理的理由があります。現状の予備校のあり方と、「真実の勉強方法とは何なのか」を考えれば、当然出てくる帰結です。それは決して特別な勉強法などではなく、偏差値50のごく普通の子どもたちができる。さらに言うと、もう受験は終わってしまったという大人にとっても役立つ勉強法です。

そもそも僕が「真実の勉強法」にたどりついたきっかけは、3年間しっかりと通い続けた予備校での経験からです。というと、まるで予備校で学んだ勉強方法かと誤解されそうですが、現実は真逆。僕はいい大学に進学したいという思いで、県立高校合格直後から業界最大手の有名予備校に通いました。予備校から言われたとおり、たくさんの講座を取り、参考書を買いまくりました。金額的にはおそらく200万円くらいは注ぎ込んだと思います。しかし3年後、僕は浪人してしまいました。1年間の浪人生活後に合格した学習院大学も、僕の出身高校(毎年、一定数の東大合格者が出る進学校です)からでは勝ち組とは言えません。

いい大学に入れなかったのは、お前がちゃんと勉強しなかったから。予備校のせいではないだろう。

こういう意見は当然出てくるでしょう。しかし、僕の体験は受験勉強で七転八倒している日本中の生徒たちと共有できるものです。大学に受かりたいから予備校に大枚をはたいて通う。講習や講座を次々に受ける。予備校を信頼し、ここで頑張れば合格できるだろうと信じ切っているのです。しかし現実の予備校は、受験生たちを助けてくれる頼もしい存在などではまったくありません。

僕は昔から教育に興味があったので、大学入学直後から大手予備校、大手進学塾で働きましたが、そこで出会った真実は恐るべきものでした。講習講座の売り上げ目標、職員の受験知識のなさ、生徒それぞれの能力をまったく無視したカリキュラム設定。そもそも信頼の基準であるはずの合格実績の水増しテクニックの数々。予備校の授業は、その場限りの楽しいイベントのようなもので、なにかスゴそうな講習講座を垂れ流しに見せ、分かったような気にさせるだけの場所なのです。

予備校に支払うお金は保護者が出す場合がほとんどですが、どの予備校を選び、どんな講座を取るのかは、基本的に生徒である高校生が決定します。彼らは十代の子どもですから、予備校産業の中枢を仕切っている賢い大人にとって、いいように扱える、お手軽な顧客です。

その典型的な存在が僕でした。3年間の予備校時代、僕が一番信頼していた職員が、実は売り上げトップのセールスマンだったという事実を知ったとき、衝撃的なショックを受けました。僕は成績が低いにもかかわらず難しい講座ばかりを取り、過去問を解く実力もないのに、大量の早稲田対策講座を受講しました。信頼すべき職員が「親切に」薦めてくれたからです。それはすべて、その職員の営業成績のため、予備校の売り上げのためだったと気づいたとき、もうどうしようもない気持ち、裏切られ騙された悲しい気持ちになりました。

もちろん予備校がお金を取ることを悪いと言っているわけではありません。しかし生徒の学力を絶対に上げない、したがって絶対に合格しないことをやらせてお金を取るなどということが許されるのかと僕は思う。偏差値40台の生徒に早稲田対策の講座を取らせていいのでしょうか。単語も覚えていない生徒に長文読解の講座を勧めるのはどうなのでしょうか。1学期の授業内容も復習できていない生徒に、「取らなければ落ちるよ」とおおげさに言って、大量の講習講座を勧めることは許されるのでしょうか。

僕はそういうことはできません。自分がされて、本当に悲しい思いがしたから、絶対にできません。

そして僕は自分の散々な失敗体験をもとに、偏差値30からでもスタートできる「真実の勉強方法」を、同じ受験時代の仲間たちと真剣に考えました。その結果、非常にシンプルですが、これこそ完璧だと思われる方法論「学習の三段階」を打ち立てることができたのです。

さらに今、受験で苦労している生徒の力になりたいと考え、大学1年の時に起業し、仲間と一緒に武田塾を作りました。２００４年12月のことです。もちろん最初はほとんど生徒が集まりませんでしたが、2ちゃんねるで受験相談をしたところ、爆発的にスレッドが増殖。毎日毎日、僕らは一生懸命、受験生の悩み事への返信を書き続けましたが、とてもおいつかないほど大量の書き込みが怒濤のように寄せられたのです。

僕らはあまりの反響に驚き、武田塾のブログを立ち上げたところ、毎日５０００人がアクセスしてくれました。当時、受験関係では灘高校の先生が書いていたブログがトップだったのですが、それを倒すまでになったのです。まさか、そんなことになるとは思いも寄りませんでしたが、受験生にとっては、本当の意味で役立つ勉強方法だったのです。

今、僕は自分自身が学習院大学卒でありながら、早稲田、慶應、医学部に続々と生徒たちを送りだしています。彼らの90%以上が当初、偏差値50以下、E判定だったのにもかかわらずです（もちろん合格実績水増しはいっさいありません！）。現在、武田塾で指導している「真実の勉強方法」が間違っていなかったということが実績としてもはっきり証明され、僕は喜びでいっぱいです。

ここでみなさんは「真実の勉強方法」＝「学習の三段階」とは何だろう、と疑問をお持ちになると思います。僕が理想とする教育を知っていただくため、ある実在の生徒の話を紹介したいと思います。

その男子生徒は一浪目の春、「自分ひとりでは勉強できない」と言って武田塾へ入ってきました。彼は誰かに管理してもらわないとだらけてしまうので、ペースメーカーとして武田塾を利用したいというタイプです。

入塾直後は、やはり勉強をさぼってきたり、確認テストの正確率が低かったりという情況でした。世界史の一問一答問題を、問題集に記載されているまま出題しても間違える。単語テストも不正解が多い。しかし、そのたびに「学習の三段階」を教えました。

①　**理解**　　まず第一に問題の内容を理解すること。

②　**再構築**　第二に、その内容を自分自身でちゃんと使いこなせるようにすること。

③　**記憶**　　第三に、もっとも効率的なタイミングで復習を繰り返し、しっかり記憶する。

この3つのステップは「真実の勉強方法」の基本中の基本ですから、本の後半でしっかりご説明します。

さて、この「学習の三段階」を教えると、彼は次々に正解率をあげてきました。最終的には一問一答などまったく間違えないようになり、参考書もすごいペースで仕上げてきます。模試でも信じられない成績を連発するようになり、ついには全国で1ケタを取り、志望校の早稲田では常にA判定がでるような状態になったのです。

2学期になると、この生徒は

「もう自分で勉強できるようになったし、お金がもったいないので、武田塾をやめたいんです。いいですか?」

と言ってきました。僕はすごく嬉しかった。

「それがいい！　困ったらいつでも相談に来いよ！　がんばれ！」

と彼を送りだしました。その結果、彼は最難関ともいえる早稲田大学法学部に進学したんです。

僕が理想とする生徒は、まさしくこの生徒です。

自分が実現したい教育はまさしくこういうことなのです。

「学習の三段階」さえ身につければ、自分ひとりで勉強できるようになります。指導や管理なんかされなくても、高額なお金を予備校に払わなくても、自分の意志で道を切り開ける生徒になっていく。僕はそのきっかけを作る人間、種を蒔く人になりたいんです。

もう一度言います。僕は予備校なんかいらないと思うのです。

独学でいいんです。

みんなが自分で勉強するようになれば、予備校はいらなくなり、武田塾もいらなくなります。僕のように予備校に騙される悲劇も起きません。これから受験する人たちは、ぜひ僕の失敗経験を参考にして、勉強方法を間違えないで欲しいのです。

これまで僕らが漫然とやっていた勉強方法は、みな勝ち組のやり方です。頭が良く、特に苦労しなくても勉強ができる人、もともと勉強が大好きな人など、「勝ち組」の方法は参考になりません。僕らには、僕らにあった、いわば「負け組」の勉強方法がある。この正しいやり方を実践すれば、堂々と「勝ち組」に追いつき、凌駕することだってできるのです。

さらに全国の受験生がみずから課題を見つけ、解決する力を身につけられれば、その後の将来でも大いに役立ちます。大学に入れば、学生は自分で本を読み、調べ、必要な情報をどんどん身につけなければなりません。誰もやり方なんか教えてくれませんし、まさに独学の世界です。社会にでればさらに厳しく、自分で問題を見つけ、解決する力が絶対に求められます。

僕の言う「学習の三段階」は何か新しいことを身につけるには絶対に必要だと思いますし、受験勉強で身につく戦略的思考は問題解決能力を養うと確信しています。みんなが独学できれば、面白いほど勉強の効率が上がり、日本はもっともっと最強の国になると思います。「学習の三段階」による「真実の学習方法」は、そこまでの大きな可能性を秘めた考え方です。みなさんにぜひ、それを知っていただきたい。特に受験に苦しんでいる生徒たちには今すぐ、実践して欲しい。

そんな僕の願いをこの本にまとめました。受験生のみなさん、親御さんはもちろん、「学ぶこと」について興味のある方全員に読んで欲しいと思います。

アンケート協力
個別指導塾ＴＥＳＴＥＡ塾長　繁田和貴
慶應義塾大学環境情報学部４年　宮岡浩介

Contents

はじめに……2

1章 僕が予備校ですべった理由

合格実績大研究の末、超大手T予備校へ……16
予備校は受験テーマパークだった……19
テーマパークの入場料は200万円……24
高校では成績はビリ……27
彼女は現役で早稲田へ、僕はまっすぐ浪人へ……32
一冊を完璧に！ 市川くんとの出会いが僕を変えた……35

2章 おたくのお子さん、これでは落ちますよ

東大生が続々増える！ 合格者数の水増し大作戦……46
えっ、予備校って授業料タダじゃないの？……51
そこはフランス革命前夜だった……56
信じた教師はトップセールスマン……61
ぐらぐらの土台に建った崩壊寸前の家……67

3章 みのもんた推奨のココア、飲んでますか？

授業大好き派VS直前暗記派 …… 76
授業はあくまで最初の一歩 …… 81
ひとりで折り鶴、折れますか？ …… 86
できないものには×をつけろ …… 90
人間は物忘れする動物だった!! …… 96
敵を倒すための武器を揃えよう！ …… 104
ドラマを見るより原作マンガの方が早い …… 107
僕はココアを飲んで特待生になった …… 110
カリスマ講師は一生徒に …… 112

4章 武田、2ちゃんねるに降臨！

理解の天才でも「やり方」を忘れる …… 118
「理解」は宝物のように大切に …… 126
3DK作戦で世界を変える！ …… 131
政治経済マニアとの出会い …… 139
ヤバイ！ 2ちゃんねるをすぐ見てくれ！ …… 144

5章 夢を見るより、英単語でしょ

逆転合格者続出!! …… 152
漢字テストで人生が変わる …… 159
日本の教育はモデルチェンジが必要だ …… 164
「学習の三段階」で日本を変える! …… 168
予備校はもう卒業しよう …… 172
言ってくれなきゃ、分からないよ! …… 178
最後は塾もいらない …… 182

あとがき …… 186

予備校に行っている人は**読まない**でください

1章

僕が予備校ですすべった理由

合格実績大研究の末、超大手T予備校へ

真実の勉強方法「学習の三段階」があるということを知らない。受験生にとって、その事実は実に恐ろしい結果を引きおこします。

僕は中学時代まで、不完全ながらも身につけていた「学習の三段階」を、その存在を知らなかったがためにポイッと投げ捨ててしまったんです。その情けない経験についてお話ししてみます。

中学時代の僕は成績もよく、高校受験の時は地元公立高校のもっとも上のランクへ入学することができました。勉強ができなくて苦しむという体験はなかったんですね。というのも当時通っていた塾がよい指導をしてくれたからです。

塾では学校の授業を先取りする形で、新しいことを習います。そこで、まず第一段階の「理解」をする。そのあと、習ったことを使って自分で問題を解きます。少人数クラスですから、先生は巡回しながら生徒の様子を見てくれるし、分からないことがあればすぐに質問できます。僕が自力で解いた問題の答えを先生が確認し、「よし、分かってるな」と○をつけてくれたら、やっと次に進めるわけです。この段階でしっかりと「再構築」ができるんですね。

さらにその内容が宿題として出された上、次の授業の時、覚えているかどうかをチェックされる。自然と「記憶」が強化されます。もちろん、この後、中学の授業でも同じ内容を繰り返しますから、「記憶」はさらに精密となり、定期テストの前はちょっと復習するだけで楽勝なのです。

つまり「理解」「再構築」「記憶」という、「学習の三段階」レールに、自分ではまったく意識しないまま、自然と乗っていたという毎日だったんです（「理解」「再構築」「記憶」は非常に大切な考え方ですが、イマイチ分かりにくいかもしれません。これから先、何度も何度も語っていきますので、とりあえず先へ読み進めてくださいね）。

ここで僕は「塾へ通っていれば、トップ校へ行ける」という成功体験をしました。次は大学受験だ。今度は塾よりも予備校がいいだろうと思い、実際、塾の方からも「大学受験なら予備校がいいんじゃないか」という助言もありました。それなら、なるべく早い段階から通ったほうが、さらに良い大学へ行けるだろうと、僕は安直に思ってしまったんです。

この判断は、実に情けないほど安直でした。あのまま塾に通い続けていたら、僕はこんなに苦労をせずに済んだかもしれないんです。過去に戻って「おーい！　君の勉強方法はそのままでいいんだよー！　絶対に変えちゃだめだよ！」と助言してやりたいくらいです。

しかし当時、16歳そこその子供ですから、予備校を無邪気に信じ切っていました。高校の合格発表直後にまず僕がしたことは、すべての有名予備校の資料を請求し、比較検討することです。教育のシステムや合格者数を綿密に調査し、慎重に判断しました。その結果、イメージキャラクターの加藤あいもカワイイし、DVD教材を使って授業の先取りができるという特徴が魅力的な大手T予備校を選びました。週3回、英語、国語、数学の授業。僕はここで新たに「予備校式勉強方法」とでもいうべきやり方を選択しました。恐るべき高校生活のスタートです。

それにしても、当時、あれほど有意義な勉強方法を実践していた塾の先生が、なぜ僕に予備校を薦めたのかが、いまだに不思議でなりません。

おそらく塾の先生は東大クラスの学校を出ていて、みなさん、予備校へ通って受験に成功したという経験があったのでしょう。最初から頭がよく、「学習の三段階」を自然と身につけている人というのは一定数いますし、そういうタイプは勉強でつまづいたことがない。したがって僕のように大学受験でつまづく生徒の気持ちが分からないし、受験を目標とした勉強方法へのニーズも分からないのでしょうね。まさに勝ち組の価値観を、無意識のうちに押しつけてしまうというわけです。

またそれだけ「予備校はすばらしい所だ」という前提がみんなの頭の中に、強烈な共通認識としてあるのだなということを実感します。

予備校は受験テーマパークだった

さて、満を持して僕は予備校通いを始めました。そこでの教育システムの売りは優秀な先生が教えるＤＶＤ授業のはずなのに、当初、僕は講師による生の授業を勧められました。僕も言われるがまま、最初はそんなものなのかと思い、1年間かけて英文法を学ぶ講座を受講したのです。今週は仮定法、来週は比較といった具合で、のんびりゆっくり勉強を進めます。

しかし今ふりかえると、こんなに効率の悪い方法はないんですね。独学ならば、英文法の参考書でがっつりまとめて勉強できる。たとえば僕が現在主宰している武田塾では、同分量の英文法を1カ月で教えますから、本来なら12分の1の時間で十分です。1年間もかける必要はこれっぽっちもありません。

もっとも当時は「学習の三段階」など知るよしもなく、ぼんやりと予備校に通っていました。授業は一応受けるけれど、受けっぱなし。英文法はその場で分かった気になりますが、自分で例題を解く、問題をやってみるという「再構築」をしていないので、実は身についていません。復習もしないから、後日テストがあっても当然ろくにできない。それでも「あれ、だめじゃん」で終わり。こんなやり方で実力がついたら、僕は天才少年でしょう。

また予備校が僕に生授業を勧めた本当の理由も驚くべきものでした。せっかく講師を呼んでいるのに、生徒数が少ないと申し訳ない。とりあえず誰でもいいから入れておけという発想です。本来ならDVD授業の方が効率的なのに、講師のためにあえて生授業。誰のための予備校なのかワケが分からない。むろん高校生の僕はそんな大人の事情を知るよしもなく、すべて今になって分かるカラクリです。

しかも5人、10人の少人数クラスなのに、予備校講師はろくに教えられませんでした。先生自身が回答を間違えることがよくあったし、生徒の中には先生の間違いを発見するのに生きがいを感じているヤツもいました。「先生、そこ違いますよ」と指摘してご機嫌でいる。そいつにとっては、逆にいい英文法の勉強になったかもしれないけれども、僕には完全に無意味な時間でした。

高校二年になると、やっと念願のDVD授業を受けるようになりました。が、ここで僕は受験生のエリート意識をくすぐる猛烈なコンテンツにころりとやられてしまいました。まず講座のタイトルがスゴイ。

「英語の神髄」

どうです？　これはちょっとスゴそうだと思うでしょう？　内容もまたなんとなくスゴそうなんです。そもそも東大の問題は5、6割できれば合格ですが、その厳しい入試で残り4割のうちの2、3割を取るための特別講座なんですね。つまり東大入試で合格率8割、9割を目指すのが目標というわけです。

「さすがT予備校。ヤバイな」

と僕はすっかり興奮し、もう夢中になってDVDを見まくりました。

しかし冷静に考えると、東大生でも間違える問題を解説するわけで、内容はえらく難しいんです。実際、授業はすごかった。普通、英語は五文型ですが、その先生は九文型くらいを使いこなします。

「世の中の英語は間違っている。文型は九つだ」

と言われると、それなりに筋が通っていて、

「おー！　確かにそうだ！」

と感心するわけです。さらに先生はテレビ画面の中で、自分は英語をイギリスで学んだ。

イギリス流の英語概念のとらえ方はこうなんだと語り出す。僕はその語り口に完全悩殺され、「やばい、これは人間の思考そのものかもしれない」と思ってしまった。今振り返っても、そのネタはネタとして面白く、まさに英語授業のエンターテインメントです。僕は信者になって、先生の言葉を一言一句、ノートが真っ黒になるくらい書きました。先生の理論をマスターしたかったんです。

しかし。

当時の僕の偏差値は50そこそこ。基礎的な英単語、熟語、文法もできていないのに東大レベルの授業を受けて、なんの意味があるのでしょうか。僕に必要なのは普通の英文和訳であって、英語の九文型をノートに書き写しても使いこなせるはずがありません。

それにも関わらず、僕はこの受験エンターテインメントに夢中でした。また予備校の方も次々と魅力的なコンテンツをくりだしてきます。英語だけでも「ロジカルリーディング」とか「パラグラフリーディング」とか、新機軸の方法論があると「なんだかすごいんじゃないか」と勝手に思って飛びついた。僕はエリート意識をくすぐられ、「こんな授業を受けている自分は他の受験生とはちょっと違う」と思いこんだほどです。

もちろん理数分野でも強烈授業があって、僕の理系の友人も実に楽しそうに受講していました。たとえば「すべての物理の基本は微分積分だ」と主張し、物理を数学で解きまくる先生が登場するんです。友達に話を聞いたら、これも相当にすごい内容です。

しかし本来の入試段階でそんな難しい理論は間違いなく不要ですし、その微積を使いこなせるようになるには、気の遠くなるような長時間の勉強が必要でしょう。実際、その友人は東大にも東工大にも受かりませんでした。

確かに100点満点のテストで80点、90点の高得点を狙うなら、微積を知らなければキツイかもしれません。でも合格点である60点を取るための勉強時間が100時間だとすれば、微積を使いこなすためには少なくともその5倍、500時間は必要です。志望校合格のための戦略として、普通に考えても間違っています。

当時の僕はなんでもっと自分のレベルにあった勉強をしなかったのか。それは自分でも不思議でしかたないんですが、それだけ予備校の「生徒を踊らせるワザ」のスゴさが際だちます。

実にスゴイ。本当にすばらしい。僕は受験テーマパークで週3日、楽しく遊んでいたのだと思います。

テーマパークの入場料は200万円

T予備校には、どの教科でも大学受験の範囲を超えた、ものすごい授業があって、それが売りでもありました。もちろんこの手のやり口は他の大手予備校でも追随していますから、どこへ通っても情況は似たようなものです。

しかし、こういう難しいものをやっていいのは、すでに合格点に達してしまった受験生で「本番までまだ時間があるし、暇で困っている」という恵まれた人だけです。あるいは他の教科は嫌いで、英語なり物理なりを武器にしようとしている特化型の生徒くらいでしょう。

しかし予備校にしてみれば生徒の実力や志望校などは関係なく、ティーンエージャーの幼いエリート意識をくすぐって、ただひたすらこういう授業の信者を増やすことが大切なのです。というのも「英語の神髄」に陶酔した生徒には、関連講座をじゃんじゃん勧められるからです。たとえばこんな具合です。

「あの授業を理解するには、前置詞について徹底的にやらないといけない」

と指導して、夏休みの前置詞講座を取るようにもちかけます。それは前置詞だけ全10回のコースで、合計15時間、前置詞だけをやり続けます（ちなみに僕が受講した当時、授業料は3万円でした）。通常、予備校の英文法講座は1年間で約20回の授業がありますから、いわば半年間前置詞をやり続けるようなものなんですね。これは明らかにムダ。でも必要だと言われれば、なんだか取らなくちゃいけないような気がするんです。

当然、僕は夏休み前置詞講座に通いましたが、もちろん時間とお金のムダでした。当時の僕は基礎的文法事項ができていなかったから、英語の文法問題を独学した方が絶対によかった。僕は15時間で1単元受講して、さらに復習の時間にもう30時間くらいかけました。もし同じ時間を独学したらどうでしょうか。1単元に1時間かかったとしても、なんと45単元も進める！　そっちの方が間違いなく偏差値アップにつながったでしょう。僕がこの前置詞講座で得た唯一の利点は、今、先生の立場になった時、生徒に熱く前置詞を語れるということくらいです。

つまり予備校は売り上げ最優先。生徒のレベルを分かろうともせず、ひたすら講座を勧めてきますから、おちおち話に乗っていたら受講料はいくら注ぎ込んでも足りません。僕の場合も予備校に言われるまま、講座を取りまくっていました。しかし母親は現実的なところがあって、

「本当にその授業は必要なの？」

とよく聞いてきました。もったいないんじゃないかと思ったんでしょうね。母親のそういう勘は確かに間違いなかった。でも父親は違う意見でした。

「必要だったら、いくらでもかけろ。100万、200万で学歴が変わるならかまわない」という調子でした。僕の父は地方の大学出身だったので、やはり学歴コンプレックスが多少はあったようです。また父方の祖父も若い頃、学歴の違いで出世のスピードがまったく異なるという体験をして、わが子の教育には厳しい人だったそうです。父の実家は農家だったのですが、まず長男に跡目を継がせると、次男の父、三男の叔父の両方とも大学に行かせてくれた。多少、お金をかけてでも学歴は必要なんだと思っていたんですね。そういう祖父の考えを父も受け継いでいたようです。

結局、4年間通った予備校生活で、僕は親に200万円くらいは出してもらったと思います。さらに恥の上塗りですが、当時は参考書も無意味に大量買いしていました。本屋で参考書コーナーに立ち寄るのが大好きで、「あれもこれも必要なんだ」と親に言ってお金をもらっていたんです。全部で200冊くらいはコレクションしていたでしょうか。金額にして20万から30万。もちろん、こんなにたくさんの参考書はまったく必要ないですし、どれもこれも中途半端に使っただけです。まったく、返す返すも親には大変申し訳ないことをしました。

それで勉強が身になったかというと、結局、すべての講座は受けっぱなしのほったらかしで、僕の偏差値はいつまでたっても50から55の間をうろうろしているだけだったんです。

高校では成績はビリ

とりあえず週に3日の予備校生活を送っていた僕ですが、高校での成績はひどいものでした。

僕は高校入学と同時に塾から予備校へと移籍したわけですが、勉強のやり方は変わらないと思いこんでいました。予備校へ行って、学校の授業を受けて、テスト前にまとめて暗記する。中学時代はこの方式で優等生だったので、同じシステムを活用しようと思うのは当然です。

高校1年の1学期、自分では以前と何も変わらないやり方で勉強をして定期テストに挑んだわけですが、結果には散々でした。1年生10クラス400人の中で250番とか300番。真ん中以下です。これには本当にガックリです。

うちの高校からは学年で30人ほどが現役で早稲田大学へ合格していました。1学年10クラスですから、各クラスに3人ずつという計算になります。となると、クラスで自分より頭のいいヤツを3人思い浮かべることができれば、もう自分は早稲田には受からないということがハッキリ分かるんです。なにしろ最初の定期テストから真ん中以下の僕ですから、もちろん早慶は無理に決まっている。この一発の経験で、僕は相当萎えました。それなりにやったはずなのに、俺はどうせこんなもんなんだな。できないじゃないか——早くも諦めムードです。

そこから僕は「できないキャラ」を標榜するようになりました。同じクラスのできない仲間と毎日楽しい会話です。

「この間のテスト、全然できなかった」

と友達にぼやかれると、すかさず応酬し、

「俺もだよ。ついに追試の追試までいっちゃったよ」

という調子です。どうせできないんだ、という思いこみは大したもので、実際、僕はどんどん「できないキャラ」に磨きをかけてしまいました。それから1年もしないうちに校内実力テストの総合成績は下から3番とか5番。ヒトケタをたたき出すようになり、ついには数学と国語では同時にビリを取って、もうこの分野では他者の追随を許さないトップの実力を誇るようになったわけです。

中学時代は学年で1番だった僕が、短期間でなぜこんなに落ちぶれたか。その理由はやはり「学習の三段階」を理解していなかったからに尽きます。

そもそも中学校と違って、高校では学習量が基本的に多いのです。学科も増えるし、内容も濃密、授業も難しい。したがって中学時代のように、テスト直前に範囲を暗記すれば乗り切れるというものではありません。

それならどうすればいいかというと、塾に通っていた当時、自然にやっていた勉強方法をもっと意識的に実践すべきだったのです。

まず塾で新しい範囲を教えてもらう。そこで「理解」をしたら、次は問題をたくさん解いて自分のものにする。僕が言うところの「再構築」というやり方です。そこまで行った段階で、初めて学校で同じ内容の授業を受ける。すでに頭の中に入っていることですから、授業では「記憶」を確かめるだけです。さらに宿題でも出れば、記憶がもっと脳へ染みこみますから、定期テストの前はさらりと復習するだけで、それなりの点数が出るはずです。

ところが僕は予備校ライフに浸っていましたから、この理想的な循環がすっかり乱れていました。予備校の講座は高校の授業とは特にリンクしていません。だから予備校でやったことが学校で必ずしも出てくるとは限らないし、出てきたとしても時期がばらばらで、その頃には僕の学習記憶もどこかへ消えています。

さらに高校の授業も難しくなっているので、教室でもよく分からない。僕は才能が枯渇してしまったのではないかと思いました。

もちろんある程度のレベルの授業なら処理できるのですが、それを越えてしまうと復活の機会がありません。もっと自分で勉強時間を取って自宅で復習をして——というやり方をすればよかったのですが、週3回も予備校へ通っていたので、あまり時間は取れません。その上、「できないキャラ」に自分を追い込んで、ある意味、堕落していたのかもしれません。実際、ごく普通の高校生で、テストもないのに授業の復習を自宅で自主的にやり続けるという子が何人いるでしょうか。

高校時代の僕は、毎日5時には帰宅できるという理由で合唱部に入っていました。この部は高校2年の3学期で引退だからラクだという評判があり、それも入部のきっかけでした。運動部なんかに入ったら絶対に勉強はできないと思っていましたから、僕は入学当初、受験気分満々だったようです。しかし合唱部が終わったら、仲間とマックにたまったり、家に帰ったら帰ったで友達と電話をしたりメールをしたり。まったくごく普通の、勉強のできない高校生だったと思います。

そんな生徒でも、予備校に行けば何となく授業が分かるんです。そこは教え方のプロなのかもしれません。また予備校では短期間で新しい単元にリセットされるので、最初のうちはなんとなくついていける。しかし基礎があやふやですから、単元の勉強が進むにつれてなんだか分からなくなってしまう。困ってきた頃に、また新しい単元に入るので、とりあえず理解できて安心する。その繰り返しで、時間だけがどんどん過ぎていきました。予備校では毎回なんとかなるので、危機意識も出ません。しかし復習をしないので、学んだ内容を完璧に自分のものにするということをしていない。だからテストの点数も取れません。

このままではまずいとは薄々感じていました。でもどうやったら逆転できるのかも分からないし、以前に手をつけた問題集や予備校の授業で習ったことをもう一度やり直す気合いもない。成績を伸ばす方法も分からない。だけど当時、僕は一応、学校の授業もまじめに受けていますし、高校1年から有名予備校に通っている生徒です。勉強をさぼるつもりはなかったし、誰よりもトップ校に受かりたいと思っていたのに、なぜかビリになってしまう。いくら自転車を漕いでも空回りするような感じで、僕は本当に途方に暮れていました。

でも、その一方で、きっと最後はなんとかなるだろう、とワケの分からない夢を抱いて3

年間を過ごしてしまったのです。

彼女は現役で早稲田へ、僕はまっすぐ浪人へ

ここでちょっと、僕の当時付き合っていた彼女の話をしたいと思います。僕の恋愛事情など聞きたくないという読者も大勢いらっしゃるかと思いますが、真実の勉強方法に絡む話題なので、少しだけおつきあい下さい。

僕も高校になればそれなりに女の子に興味があって、高校2年の春から同学年の子とつきあい始めました。

さて、この女の子ですが、僕とはまったく違うタイプで、とにかくばりばり勉強して、成績は大変に優秀でした。河合塾へ通いながら、参考書もしっかりやって、すごい量をこなしていたんです。当然、学校のテストもばっちりで、学年で3番などという結果を出してしまう。ビリから3番目の僕とは大違いです。予備校を上手に活用することのできる、賢い少数派生徒のうちの1人だったんです。

僕は彼女の身近にいたので、その勉強方法を見ていましたが、それは大したものでした。

自分なりにカードをまとめて、間違った部分を集中的にやり直して「記憶」を徹底的に鍛えていました。誰に教わるでもなく、効率的なやり方を自然と自分のものにしていたんです。

また、なによりすごいのが「見るだけで覚える」というワザです。

彼女は予備校のテキストをジーッと見るのです。ただひたすら見ているだけで覚えられる。凡庸な僕のように、暗記するべき場所に緑ペンでラインを入れたり、間違ったところにチェックを入れ、何度もやり直すというような手間は必要ない。ただ見るだけで、その範囲のテストはばっちり点数を取れるんです。

だいたい人は誰でも好きな分野は苦もなく覚えることができるものです。それは僕だって同様です。自分は政治分野が好きなので、政治家の名前とか出身地、選挙区など、だいたい頭に入っています。それは好きだから覚えられるのであって、たとえば野球が好きなら選手のこと、監督の名前、チームの成績などやたらと詳しい人はいくらでもいます。

苦労もなく受験勉強ができるという人は、それと同じ情況が勉強分野で起きているということです。参考書をじっと見るだけで覚えられるというのは、まさにその典型です。好きだから覚えられる。また彼女は読書も大好きなので、国語はめちゃめちゃできましたし、古文もばっちりでした。

それに比べて、僕は高校1年の頃から古文にはとことん苦しみました。あんまりできないので、中学時代の塾の先生へ相談に行ったら、ただひと言、

「音読しろ」

と言うんです。現代語訳と古文とを交互に音読すればいいと言われて、その通りにやってみましたが全然ダメでした。音読という勉強法はできる人には有効で、古文でも英文でもひたすら声に出して読みまくっていくうちに、自然と分かるものらしいのです。

しかし、僕はご存じの通り、まったく優秀ではなかったから、この方法は完全に失敗でした。今の僕が当時の僕にアドバイスできれば、どれだけ良かったか。

「お前の頭では音読したって、絶対に身につかない。それより地道に単語と文法から始めよう」

こう言って、肩を叩いてやりたいです。

勉強はたいして好きじゃない。要領が悪い。見ているだけでは到底覚えられない。僕のようなタイプの人間は、「理解」「再構築」「記憶」の「学習の三段階」をひたすら機械的にコツコツとやり続けるしかないんです。見ているだけでは覚えられませんから、できなかった問題にチェックを入れて、もう一度やり直す。これを何巡かすれば、どんな人でも必ず覚えられる

わけです。もちろんスピードと応用力では頭のいい人にはなかなか追いつけませんが、やり方さえあっていれば能力の差は必ず埋められます。

でも当時の僕はそれが分からなかった。だから自分はこの先一生、古文はできないものだと諦め、友達と楽しく遊ぶ方向へ行ってしまったのです。

ちなみに彼女は現役で早稲田大学に合格し、ストレートで卒業し、超難関の企業リクルートに勤めました。そんな彼女も大学在学中はずっと某大手予備校のチューターをしながら受験生の力になっていたんですね。しかし、こういう勉強の天才がチューターになると、できない生徒が「なぜできないのか」が分からない。結果的にできない子は逆転の機会が奪われるのではないか、と僕は思っています。

一冊を完璧に！　市川くんとの出会いが僕を変えた

僕のダメダメ高校生活はとにかくこんな具合で、いっこうに成績は上がらず、実際、気持ちの中では、ほぼ大学受験を諦めて遊んでいました。もちろん大学には行きたい。でも先が見えないし、どうしていいか分からないから現実逃避していたんです。

そんな時、僕にも小さなチャンスが巡ってきました。中学時代に同級生だった市川くんと偶然、再会したのです。

中学当時、市川くんとは親しく話をするような間柄ではありませんでした。ところが高校2年の秋に予備校で偶然、再会した時はなぜか意気投合し、以来、毎日のように一緒に過ごすようになったんです。その時、僕は「学習の三段階」という驚きの勉強方法に触れるきっかけを得たのです。

市川くんは中学受験から難関校を目指してモーレツに勉強をした人で、いろんな塾へ通い、様々な勉強法を経験していました。その中で、本当に実力がつく勉強のやり方とは何かということに少しずつ気がつき始めていました。

彼は中学受験の時、スパルタ方式で有名な塾へ通っていました。そこでは、とにかく同じ内容のプリントを狂ったように何度も何度もやらせるのです。当時はこのやり方の意義が分からず「なんで、同じことばっかりやってるんだろう」と疑問に思っていました。でもこの塾のシステムは「学習の三段階」のひとつのバリエーションなんですね。「理解」「再構築」「記憶」を徹底してやり続けるという考え方に沿っていたんです。

しかし、講師はすぱすぱとタバコを吸いながら、ものすごく高圧的な雰囲気で授業を行い、テスト結果で成績の悪い子どもから順番に並ばせます。できない子には針のむしろで、時には先生から紙つぶてが飛んでくる。教室は常にぴりぴりした雰囲気でした。

そこからは開成や武蔵に進む生徒がたくさんいました。まさに驚異的な合格率の塾だったんです。しかし不思議なことに難関中学入学後は気力が萎えて、肝心の大学受験に失敗する生徒が多かったそうです。あまりのスパルタに燃え尽きてしまったり、ひたすら「やらされる」感覚が刺激され続け、勉強の意味を見いだせなくなってしまうのかもしれません。

やがて市川くんは辛さのあまりにココをやめ、栄光ゼミナールに通いながら家庭教師をつけることにしました。この家庭教師が大変に優秀かつ熱心な人で、「難関の中学受験をするなら、これをやらなくちゃダメだ」と言い、テキストを何回も何回もひたすら繰り返しやらせるのです。ここでもやはり「理解」「再構築」「記憶」の繰り返しです。

おかげで市川くんは成績も上がり、受験へ向けて順風満帆でした。ところが家庭教師が熱心なあまり、夜中にやってきて教えたり、毎日朝方の4時まで勉強をやらせたり、学校を休めと言ったりするのです。市川くんはその先生の信者になってしまって、本当に学校を休むようになりました。

これには親が心配し、あのモーレツ家庭教師を辞めさせようということになったのです。

すると受験直前の市川くんは泣きながら「あの先生を辞めさせないで！」と親に懇願したそうです。夜中にやってきて猛烈に勉強させる先生を、泣きながら引き留める小学生の市川くん。まさに壮絶な光景ですが、彼はそれほどまで受験に本気だったのです。

ついに親が根負けして、なんとか勉強を続けたのですが、昼夜逆転の先生につきあって不規則な生活をしていたため、体力がついていきませんでした。入試の時にインフルエンザにかかり、第一志望だった武蔵は失敗してしまったんです。

その後、市川くんは将来の志望校を医学部に絞り、相変わらずの受験生活を続けました。そして高校入学後は、理系選抜クラスに入るべく奮闘したんです。このクラスに入れば医学部への道が開ける。そのためには何が何でも数学の成績を上げなければいけない。ついてはどんな参考書を使って、どんな勉強方法をすればいいのか、近所で評判のいい個別指導塾へ相談に行きました。

市川くんは自分で熱心に集めた参考書をたくさん持って、数学の先生の前に座りました。

「こういう参考書はどうですか？　こっちは？」

と次々、見せていったところ、その先生は学校の授業で配られた、超しょぼい、いかにも力がつかなそうな問題集「エキスパート」を指さして、

「これがいいですよ。これだけをやりなさい」

と教えてくれました。しかし「エキスパート」はあまりに基本的なことしか書いていないし、本としての切り口は平凡で、受験に燃える人間にとっては、気分が全然盛り上がらない参考書なのです。

「なんでこの人、エキスパートがそんなに好きなんだ？」

と不思議に思い、本当にこれをやればいいのだろうか、と市川くんは半信半疑だったそうです。しかし、とにかく一度、徹底してやってみようと思って「エキスパート」1本に絞り、繰り返しやり続けました。すると模試でもそこそこの成績が取れるようになったのです。

数学の模試というのは、5つの大問が出題されます。その大問にはそれぞれ(1)(2)(3)の3つの小問がつき、(1)→(3)の順番で問題内容が難しくなります。

市川くんは「エキスパート」だけをやり続けた結果、各大問に付随している小問(1)(2)がすべて解答できました。これによって偏差値75が出たとかそういうわけではないのですが、点数の取り方が非常によかったのです。小問(1)(2)は配点が各10点。難しい(3)は各20点。この結果、市川くんは200点中約100点取れました。つまり仕上げた問題集のレベルの出題を確実に正解して点数をとる、最も無駄のないやり方だったのです。

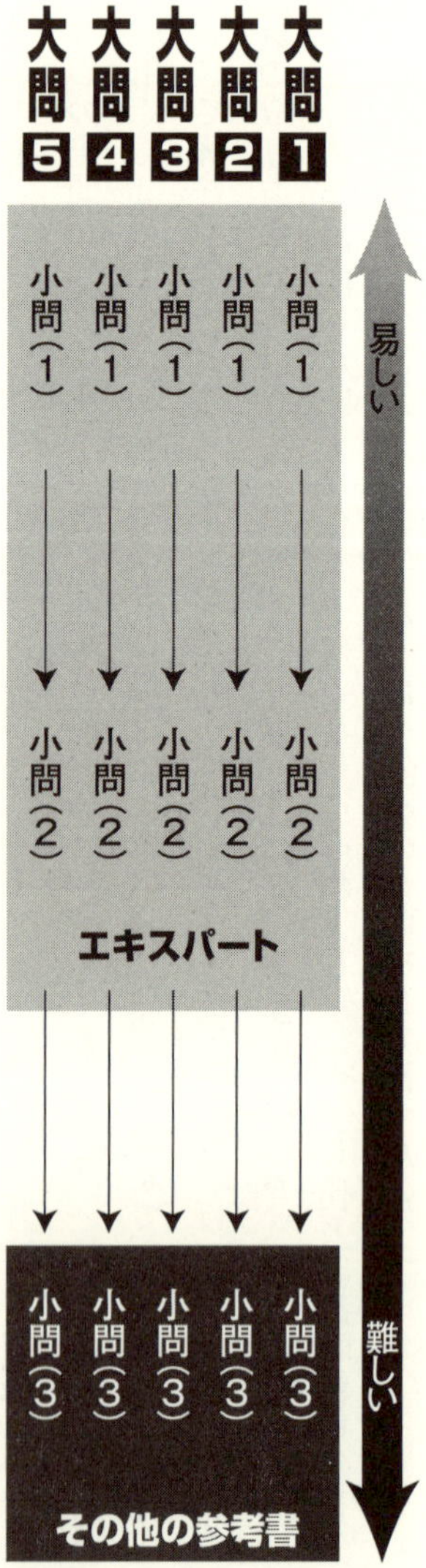

そして次は、もうひとつ上の段階の勉強をすれば完璧です。「エキスパート」のレベルでは、小問(1)(2)までしかカバーしていません。(3)はまだ手をつけていないので、できないのが当たり前です。さっそく(3)レベルの参考書を買って勉強をすればよいのです。

まず、ある範囲をカバーする参考書を買って、それだけ一冊を完璧に仕上げる。そこで自分の実力を確実なものにしたら、その次はひとつ上の段階をカバーする参考書を購入し、再び一冊を完璧に仕上げる。すると数学の模試では小問(3)レベルまで解答できるようになるのです。

市川くんは僕と一緒にファミレスで昼ご飯を食べながら、そんな話をしてくれました。

「おまえ、参考書ばっかり集めてるだろう。それじゃダメなんだよ。そもそも世の中の受験勉強の本はみんな開成や灘高校、東大か医学部出身の人が書いてるだろ。だから難しすぎる内容が多いし、そういうのをたくさん見ても、俺らにはあんまり意味がない。それより自分にあった1冊を完璧にやるんだ。10冊の参考書を1回ずつやるより、1冊だけを10回やるほうがずっと大事だし効果がある」

市川くんは苦節約10年のキャリアで掴んだこの自説をとうとうと語ります。

「確かに受験勉強本を見るとさ、『復習』は大事とか『10冊を1回やるより、1冊を10回やれ』ということは書かれている。でも隅っこの方にさらりとしか書いていないから、ほとんどの受験生は目につかないし、見ても忘れてしまう。だけど本当に偏差値を上げたいなら、そこがすべてなんだよ。だから俺が本を出すなら、1冊全部、最初から終わりまで『1冊を完璧に』とか『何度も何度も復習するのが大切だ』ということを書きたい」

僕はこの「1冊を完璧に」説を聞き、完全に目から鱗でした。これはスゴイ。この勉強方法は本になるぞ。

「一緒に本を出そう！」

と市川くんに言いました。それが今、こうして現実になっているんです。

僕はこのスゴイ話を高校3年の1学期頃には聞いていたので、この時点で完全に実践すれば浪人はしなかったでしょう。しかし当時はまだ完璧な方法論がなく、どの段階でどの参考書を選べばいいかよく分かりません。結局、理屈は分かるが実践につながらなかった。予備校の勉強はほどほどにして、「1冊を完璧に」のやり方に変えようとしても、これまでの習慣を突如切り替えるのは難しいんです。

そして従来通り、予備校に行けば、どんどん授業を取れと言うし、周囲の仲間もみんな予備校に通っている。さらに親も「大手予備校に行かないとダメだ」という態度ですから、僕はほとんど孤立無援でした。親にしても子どもが家の中でごそごそと何かやっているより、予備校に通わせておけば安心だという気持ちがあるのでしょう。当然、予備校の方も「うちへ入ったら、志望校に受からせてやる！」というオーラを出しまくっています。したがって予備校に疑問を持っても、それを親にきちんと説明することができないんです。

大学に行きたければ予備校に通わなければならない――この信仰から自由になるには、さらに1年の月日が必要でした。

これほどまでに予備校の呪縛はスゴイ。親も子どもも予備校信者になり果てている。そこで次の章では予備校の強烈な「受からせてやる」オーラの裏側を明らかにしていきます。

予備校に行っている人は読まないでください

2章

おたくのお子さん、これでは落ちますよ

そもそも僕が業界大手のT予備校を選んだのは、華々しい合格実績に惹かれたのが第一の理由です。有名大学に入学するのが目的なのですから当然のことですね。僕は主要な予備校のパンフレットをすべて取り寄せて、ずらりと並べ、実績を調べ上げ、自分では完璧な選択をしたつもりでした。東大、京大、早慶、医学部、歯学部、国公立大学に数百人、数千人規模で合格者を出している予備校なら、こんな僕だって受からせてくれるに違いない。高校1年の僕はそんな希望を胸に入学金&授業料を支払ったわけです。

しかし、これがそもそもの間違いの始まり、大いなるマユツバだということを、改めて認識すべきだと思います。

ほとんどの予備校で、毎年、堂々と発表されている合格者数を一度、まじまじと見て欲しいのです。例えば各予備校が発表している東京大学の入学者数を集めて、足し算してみましょう。ちなみに、これは2012年度の数字です。

東進……………………588人

河合塾　……………………１１８４人
駿台予備校　………………１２３５人
代々木ゼミナール　……１２９５人
５８８＋１１８４＋１２３５＋１２９５＝４３０２人

東京大学の合格者数は３１０８人（特別選考を入れると３１２５人）ですから、
４３０２－３１０８＝１１９４人
特別選考も入れると４３０２－３１２５＝１１７７人
つまり普通の受験で入った人数で見積もると、１１９４人も定員オーバー。特別選考を加えても、１１７７人もの定員オーバー。いったいこれはどういうことなのでしょう。
さらにＺ会が公表している東大合格者数２８７人を加えると、
４３０２＋２８７＝４５８９人
進研ゼミが公表している東大合格者数は３３８人なので、ついでにこれもプラスしましょう。

4589＋338＝4927人

どんどんすごい数字になってきました。日本の主要な予備校の東大合格者数を集めただけで、ほとんど数字遊びみたいに、東大生がぶくぶくと増殖していってしまいます。

こんなワケの分からない合格実績がまかり通ってしまう一因に、「在籍者」というキケンな言葉があるのです。

予備校が考える「在籍者」の意味は、ごく普通の受験生や親御さんが考える「在籍者」とはまったく違います。

まず、ごく普通の受験生だった僕はこう考えました。

予備校に入学金や施設費、授業料をしっかり納め、予備校オリジナルの教材を配布され、毎週1回、1年間授業を受ける。もちろん僕のように週3回も通ってしまうヤツだっていますが、もちろん週1度の生徒も「在籍者」仲間です。

これは、ごく普通の感覚ですよね。

ところが予備校の発想はスゴイのです。

ちょっとお試しで1、2カ月だけ予備校に通った生徒を「在籍者」としてカウントします。

さらに、ほんの数日間、夏休みの講習を受けただけの生徒も「在籍者」。もっとスゴイのは模試を受けただけの生徒も「在籍者」に加えてしまうのです。

これは相当な誇大広告ではないでしょうか。

もともと頭が良く、自分で勉強ができてしまうタイプの子が、たまたま友達に誘われて〇〇予備校の夏期講習へ行ったみた。けれど、自分の勉強スタイルとはちょっと違うと感じて、それっきり一切、その予備校へは行かなかった。それからは自分の力で学習し、見事に第一志望の東大へ合格することができた。

一般的な感覚では、こういう生徒は〇〇予備校の「在籍者」ではないと思います。ほんの数日間の講習で東大に合格できるほどの実力をパッと与えることなど、どんなスーパー予備校のスーパーな講師にだってできるはずはありません。

しかし予備校側はそんなことお構いなしです。ほんの数日間通っただけで、その生徒が東大に入ってしまえば、その子は「当校からの合格者」。合格者実績へカウントします。模試を受けただけで、一度も授業に通っていない生徒でも東大へ受かれば「当校からの合格者」。仮にちゃんと「在籍」していても、1人で3学部に合格すれば、合格者は3人とカウントされます。

日本語というのは使い方次第なんですね。オソロシイことです。

キチンとその予備校に「在籍」し、その予備校の指導力のおかげで合格できた生徒が正確に何人いるのかというのは、まったくハッキリしていない。誰もフタを開けたことのないブラックボックスです。したがって予備校の真実の実績を掴むことは、一般の受験生にはできないのです。

こういう話は業界ではすでに有名ですし、受験生でも知っている人は何割かはいるはずです。しかし受験はせいぜい一度か二度しか受けられない場合がほとんどなので、予備校の顧客はどんどん入れ替わります。だから「合格実績に騙された」などという情報は伝達されにくく、毎年リセットされてしまう。6年前に受験生だった僕はコロリと騙されましたし、今、受験相談にやってくる子たちに尋ねても、知らない場合がほとんどです。

つまり、予備校は現れては消えて行く生徒たちの流れの中で、合格実績伝説を上手に流布しているだけなのです。

えっ、予備校って授業料タダじゃないの？

しかし、この作戦にも穴はあります。

予備校がいくら「在籍者」を増やし、東大合格者の数を上乗せしようとしても、「在籍者」が実際に東大へ入らなければ数字は増えません。さすがに「入っていない」生徒を「入った」組へ入れるのは無理なんです。

それで予備校は考えました。やみくもに「在籍者」を増やしてもダメだ。最初から偏差値も高く、ちょっと勉強すれば東大に入れるくらいレベルの高い生徒に集まってもらう。手間暇かけずに実績をあげるには、この方法が一番です。できない生徒のお尻を叩いて勉強させるより、ずっとラクじゃないですか。

そこで予備校はある作戦を考えました。これは、とある有名進学高校へ通うAくんの話です。

彼は1年目の受験では、残念ながら第一志望に合格することができませんでした。そこで浪人することにして、予備校選びをしていたのです。そんなある日、自宅ポストに予備校からのダイレクトメールが届きました。どこで自分の住所を知ったのかは分かりませんが、卒業直前の3月にはよくあることです。

Aくんは何気なく封筒を開け、その予備校のパンフを読み始めました。するとなにか紙が挟まっています。見てみると「特別優待券」と書いてありました。

これは成績上位校に在籍、卒業した生徒へ配る、授業料割引通知です。割引率は低い場合で30％前後。最も割引率の高いものは全額免除もあります。とにかく成績のよい子は授業料などいらないから、うちの「在籍者」になってほしい。その願いを形にしたのが「特別優待券」というわけです。1年間の浪人生活は、精神的な苦労もありますが、もちろん金銭的にも大変です。もっと勉強して、レベルの高い大学へ行きたいと燃えている生徒は浪人する確率も高くなりますし、そこへ「特別優待券」が舞い込んでくれば、がっつりつかんでしまうのは当然です。Aくんももちろん、特別優待料金でその予備校へ通いまし

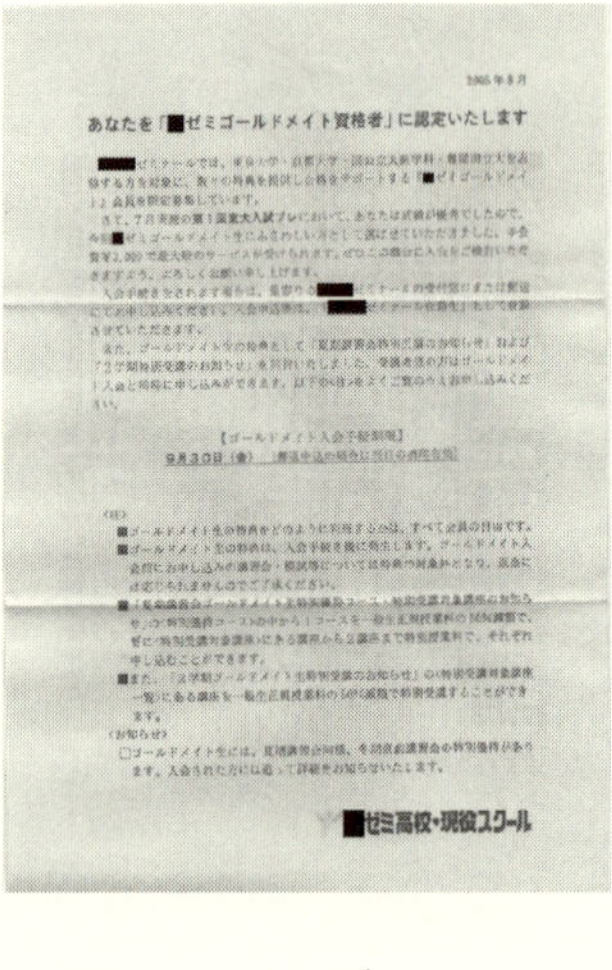
あなたを「[redacted]ゼミゴールドメイト資格者」に認定いたします

【ゴールドメイト入会予約期限】

[redacted]ゼミ高校・現役スクール

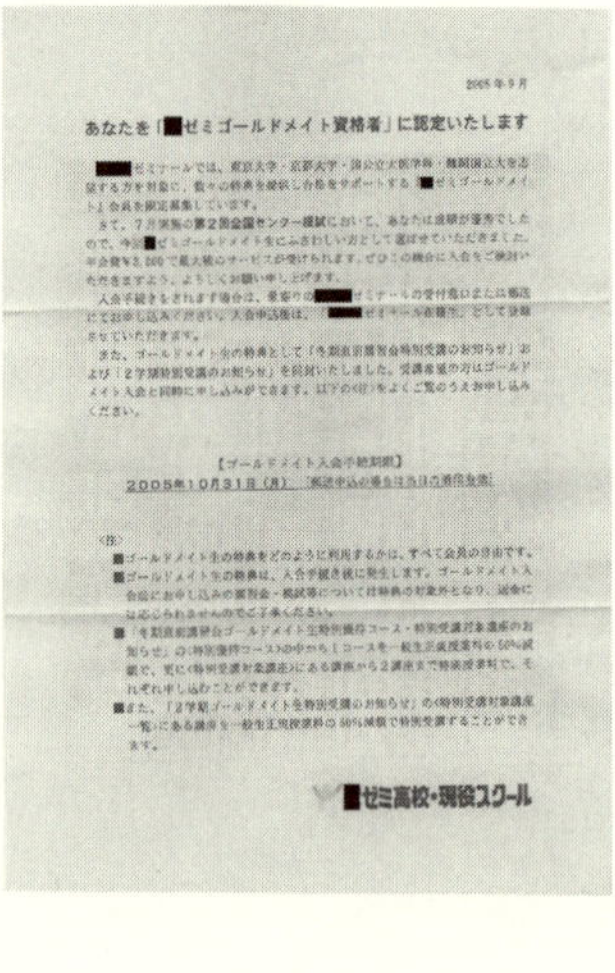
2005年9月

あなたを「[redacted]ゼミゴールドメイト資格者」に認定いたします

【ゴールドメイト入会予約期限】

2005年10月31日（月）

[redacted]ゼミ高校・現役スクール

た。翌年春には、予備校の合格実績アップへ立派に貢献したのです。

予備校はおびただしい模試のデータを持っていますから、毎年、このレベルの出身高校でこのレベルの偏差値の生徒は、どの大学へ○%合格するというのを統計的につかんでいます。ですから開成高校の出身者にはほぼ全員、100%割引の（つまり受講料がタダになる）「特別優待券」がきます。その次くらいのレベルの高校にもかなりのタダ券が配られます。

さらに強烈なケースをお話ししましょう。

僕がかつて働いていた某予備校では、早慶の付属校生徒を授業料無料で受け入れていました。なぜなら彼らは内部進学で100%進学するからです。そして、この生徒たちの頭数がそのまま予備校の「合格実績」になります。もとから合格間違いなしの生徒をタダで通わせて、堂々と実績を

歌い上げるわけです。

僕が通っていた公立高校は進学校でしたが、「特別優待券」は一部の優秀な生徒にしか送られてきませんでした。偏差値的にちょうど境目くらいのレベルにあったので、「特別優待券」がもらえる人、もらえない人の両方がいたんです。同級生の中にも、タダで予備校へ行って東大に受かったヤツがいました(ただしこの事実を知ったのは大学生になってからです。在学中はうかつにも気がつかなかった! やはり、タダで予備校に通う人たちも、あまりそれをおおっぴらにしないのが実情です)。

世の中には「特別優待券」配布の法則というべきものがあります。

同じレベルの生徒が100人いて、出身高校+偏差値で80人は東大クラスに受かるとみたら、予備校はタダで全員を入れてくれます。60人は合格しそうだとなったら、半額の「特別優待券」をくれるでしょう。30人しか受からないなら20%オフ。全員受からないなら、全額を払ってもらう。おおまかに言うと、東大、京大、早慶、上智、東工大、一橋あたりまでは予備校タダ組が多いと思いますし、後はMARCHに若干名がいるという感じでしょうか。私の友人でも、早慶、東大、一橋、東工大に合格した人の中で、学費を払って予備校へ通った人は少数です。もちろんこのレベルに受かる全生徒がみな授業料タダ組とは言いません。ですが大部分の生徒は学費無料。これが予備校の実体です。

と、ここまでサラリと語ってきましたが、やはり、このやり口はちょっとおかしくはないでしょうか。

こんな不条理なことが許されるのでしょうか？

受かりそうもない生徒からお金を取り、受かりそうな生徒をタダで通わせる費用にまわす。そこで作り上げた「合格実績」をまるで予備校指導の賜物であるかのように大々的な広告をうち、立派なパンフレットを作り、ちゃんと授業料を払ってくれる「できない生徒」集めに活用するのです。

最近、僕は高校時代の友人達と、飲み屋でこんな会話をしました。

友達「お前、なんで起業したの？」
林「ちょっとその前に、この中で何人、予備校へタダで通った？」
――ぱらぱらと手が挙がる。その数、ほぼ半数くらいか。
林「なんだよ。タダで予備校へ行って。俺なんか全部払ったんだぜ。それでお前らは慶應へ受かりやがって（このあたりはひがみも入ってます）」
友達「予備校って金を払うものだったんだ……」

林　「できないヤツが払うんだよ。だから俺はこうやって起業したんだよ」
そうです。僕は転んでもタダじゃ起きない性格なんです。

そこはフランス革命前夜だった

ちょっと唐突ですが、ここでフランス革命の話をしたいと思います。

革命前夜、この国では国民が3つの身分に別れていました。第一身分が聖職者で約14万人。第二身分が貴族で約40万人。そして残りの2600万人が平民＝第三身分です。

そしてフランス全人口の約2％ほどしかいない限られた身分の人間が、国土の40％を所有し、免税特権を持ち、年金まで支給されました。もちろん平民は何も持たざる者です。

僕にはこの構図が、イマドキの受験生に当てはまるような気がしてなりません。

有名進学校に在籍し、偏差値の高い生徒は第一、第二身分です。彼らは金銭的に優遇され、無料で予備校に通うことができます。

それだけではありません。これら身分の高い方々は、優れた講師によるレベルの高い授業を優先的に選択する権利もあるのです。

ここで医学部を志望していた高校3年のBくんに登場してもらいましょう。ちなみに彼は優秀な学生ではありましたが、ごく平凡な高校に在籍する平民クラスです。

さて、彼の学習態度はとてもまじめで、予備校では3段階のレベルのある医学部コースの、真ん中のレベルに通っていました。

1学期が終わり、いよいよ受験の山場である夏休みがやってきます。Bくんは予備校の名物講師で、参考書を何冊も出版しているC先生の講座をぜひ受けてみようと思いました。そこで張り切って早起きし、申し込み開始当日の朝、予備校へ出かけたのです。

ところが。申し込み初日であるにもかかわらず、C先生の授業は満席で受講できないと言われてしまいました。人気が高いから満席になってしまうと思い、こんなに朝早くからやってきたのに……。いったいなぜなんでしょうか。

その答えは簡単です。その予備校では、医学部コースの上位クラスに在籍する生徒が、優先的に講座を申し込むことができるのです。この場合も事前予約が数日前から始まっていて、人気講師の講座はすべて満席となっていたのでした。

仕方なく平民Bくんは別の講師が担当する講座を受けましたが、やはり内容はイマイチで、成績もあまり上がらなかったそうです。

そんな経験があったので、冬休みが来たとき、彼は冬期講習を申し込みませんでした。ムダな授業にお金と時間をつぎこむくらいなら、自分ひとりで勉強したほうがいいと思ったのです。

これは実に賢明な選択です。この後の章で理由を細かく説明しますが、だいたい授業は大量に取ればいいというものではなく、量よりも質が重要なのです。

その後、予備校からは、

「冬期講習の申し込みがまだですが……」

と何度も催促されましたが、Bくんはかたくなに講習申し込みを拒否しました。

するとある日、Bくんの母親の元に、予備校の先生から直接電話がかかってきました。そしてこう告げたのです。

「〇〇大学医学部をねらっている生徒さんは、普通、20講座くらいは取っています。最低でも10講座は取らなければ。お宅のお子さん、これでは落ちますよ」

それを聞いた母親は心配になって、

「あなた、大学に落ちるの?」

と聞いたそうです。落ちるといって高額な学費を取ろうとする。まったくひどい話ですね。

Bくんは予備校に頼らなくても、ちゃんと合格通知を受け取ることができたんです。

年貢を絞り上げられる平民身分＝学費を全額払わなければならない生徒。

彼らには、いい講師を選択する権利すら与えられず、レベルの高い授業も受けられません。しかしタダで通っている生徒のための経費は、平民身分の生徒が支払っている授業料から捻出されているのです。

この結論から導き出される答えとは、予備校は第一身分、第二身分のためにあるということです。

予備校に通っていいのは、予備校から大幅な割引のついた「特別優待券」を送られた生徒のみ。予備校は長年のデータ蓄積から選び抜いた合格確率の高い生徒のみ優待しますから、特待に選ばれた子はもうそれだけで合格の可能性があるということです。

そもそも彼らは授業など受けなくても十分に勉強ができますから、あとは予備校が自慢する冷暖房完備の自習室（中にはフリードリンクがついている自習室もあります）で、心ゆくまで優雅に学習すればよいのです。実際に行ってみれば分かりますが、この自習室というのは勉強にはもってこいの環境です。テレビやゲームなど、集中力を削ぐものはありませんし、まわりには自分と同じく大学受験を目指して勉強しているライバルがいます。おのずとモチベーションがアップするわけです。さらに、この豪華自習室の経費も平民持ちですから気楽ですね。

もちろん言うまでもなく、受験生のほとんどは平民身分です。割引といえば、せいぜい「入会金無料」といった程度のスズメの涙。しかし、だからこそ彼ら平民は予備校に通ってきます。なぜならば成績がよくないからです。このままでは合格できないと思うからこそジタバタし、おぼれる者がつかんだ藁が予備校だったのです。

もしつかんだ藁が本当に頼りがいがあり、偏差値を上げてくれる存在なら、ある程度のお金を払うのも良いでしょう。しかし平民にとって、現実はそんなに甘くありません。

予備校の合格実績がマユツバだとしても、予備校で一生懸命に勉強したら成績が上がるはずだ。そんな風に、素朴に信じている平民の方々に、そろそろ悲しい真実をお伝えする時期が来たようです。

もう一度書きますが、予備校は高校別の合格者データ、去年の受験生の偏差値を所有しているため、どういう生徒がどのくらいの確率で受かるか把握しています。したがって受かりそうな生徒(進学校に通っていたり、偏差値が高かったりする生徒)の授業料を割り引いたり無料にし、受かりそうもない生徒には割り引きしません。そして僕は予備校から授業料を割り引かれたことなんか一度もありませんから、はじめから予備校側は「こいつはまず早慶東大には受からないな」と分かっていたわけです（大正解！　と言ってあげたいところですがね（笑））。ということは、僕のように予備校から何も割り引かれなかった生徒はかなりの高確率で合格しないということになります！

予備校に通う前から運命が決まっている。なのに授業料は２００万円かかる。なんと恐ろしいところなのでしょうか！

信じた教師はトップセールスマン

さて、ここで平民代表である僕が再度、登場します。

前述したように、僕は予備校へ3年通っても成績が伸びず、万年偏差値50程度で日を過ごしていました。このままではさすがにダメだなと心底思ったのは、高校3年の年末でした。模試でE判定しか出せなかったのです。

模試の結果判定というのは、AからEまであります。この中でD判定を取ったら20％から

40%未満の可能性で合格できます。これに対してE判定は20%未満という感じです。つまり偏差値が1でも30でも40でも、E判定。Eは底のない暗闇のようなもので、3割が合格圏内にあるD判定とはまったく違います。

「E」という文字を見ながら、僕は本当にがっくりし、甘かった自分をののしりました。しかし今さらどうにもなりません。結局、当たり前のように浪人したわけですが、この時、すでに「学習の三段階」を知っていた自分です。予備校を変えようとか、独学をしようかとも思ったのですが、どうしても踏み切れなかった。

では、なぜT予備校に通い続けたかというと、高校2年生の時からお世話になっていたK先生がいたからです。K先生は予備校における僕の担任教師で、定期的に面談をしたり、進路相談をする相手でした。彼には人間的な魅力があり、僕にとって信頼できるいい人だったのです。勉強について相談に乗ってもらいながら、「この講座はいいぞ」「これはやっとけよ」というアドバイスを受けていました。

そして一年浪人したあと、僕は学習院大学へ合格しました。

「いろいろありましたが、とにかく学習院へ入りました」

とK先生に報告にいったところ、

「じゃあ、お前、ここで働けよ」

と突然スカウトされたのです。実は現役時代、僕はこの予備校のＤＶＤ授業のシステムが気に入って、友達を何人も入学させてしまった過去があります。自分の好きなペースで授業が受けられるので「これが最強のシステムなんだ」と思いこんでいたんですね。そんな僕の様子を見ていたＫ先生は、こいつは営業向きだろうと思ったのでしょう。

さっそくバイトを始めて内部に入ってみると、Ｋ先生は僕が思っていたよりもずっとエライ人で、契約社員なのに月々かなりの額の給料を稼いでいる様子です。そんなある日、Ｋ先生が社長と並んでにっこり笑っている写真を目にしました。どうやら場所はロスにある社長の豪華別荘です。

「Ｋ先生、なんで社長の別荘にいるんですか？」

と尋ねたら、

「俺、営業成績がトップだからな」

という返事です。よくよく話を聞いてみると、Ｋ先生は以前、家庭教師派遣の営業をしてトップ成績を取り、Ｔ予備校に移ってからも営業記録を次々に塗りかえたスゴ腕営業マンだったのです。

この事実を知って、僕は相当なショックを受けました。僕が何年間も信じてついていった人は教育者ではなく、ただの営業マンだった。見事に騙されていたのです。

おかしなことに、僕はこの人に講座を勧められると、つい取ってしまうのです。

「君は偏差値がもうちょっとだけど、これを受ければ早稲田は大丈夫だ」と言われる。すると「そうかなぁ」と思っちゃうんですね。だから自分の能力と授業のレベルが違っていて、実際はその授業を受ける意味がないのに、つい受ける。当然、内容が難しくて十分に理解できないし、結局最後までDVDを見ないこともありました。それでもなんだか分かったような気になるんです。

それに「クラス分け」というのもスゴイ。

偏差値が40くらいでも、平気で早慶・東大コースに入れられるんです。僕なんかも「え、自分でも東大コース?」とびっくりして、なんだか嬉しくなってしまうんですね。コース名にコロリと転ぶ、おめでたい生徒です。

しかし、よく考えてみましょう。

たとえば、ある生徒が偏差値65だったとします。それは去年、この人と同じレベルの生徒が100人受験して60人が受かったという意味です。

では偏差値40の場合はどうでしょう。去年、同レベルの人が100人受験して、20人が受かったということです。つまり80人は落ちた。でも「東大コース」などに入れてもらったら、まるで自分が多数派の80人にいるということを忘れ去ってしまうのです。現実逃避のための魅惑のコースです。

ある有名予備校には「スーパー国公立大医系コース」という強烈なネーミングのコースがあります。ウワサでは、こういった医系コースを取っている生徒のうち92％が医学部不合格だそうです。8％しか受からない。でも「医系」とか「スーパー」とか「ハイレベル」とか書かれると、すごそうに思えてしまいますよね。面白いネーミングでものを売るという商法がありますが、それと何も変わりません。高校生、浪人生相手にものを売るのなんか簡単ですね。

実は先日、ある有名予備校の名物講師に会ってきました。彼は衛星放送でも授業を行い、参考書を何冊も出しているスーパー講師ですが、講師として駆け出しだった頃は下の方のクラスばかりを担当させられて、とても苦労したということでした。目標校のレベルから言って、これくらいはやらないと受からないという内容を教えても、生徒は全然、理解できません。一生懸命にたとえ話をしながら授業を進めても、

「先生、黒板って、写すんですか？」

なんていうのんきな質問を平気でしてくる子たちばかりです。先生は完全に頭を抱えました。思いあまって予備校の上層部に相談したら、

「確かにそういう生徒を受からせるのは厳しいかもしれない。教えにくいかもしれない。でも、大事なお客様だからよろしく頼む」

と言うのだそうです。

偏差値40とか50の生徒がたくさんいるから、予備校は支えられています。彼らがとりあえず来て、授業を消化してくれるから授業料が入る。しかし、この生徒たちはこのままでは学力が上がりませんから、多分、目標校には入れないでしょう。しかし、それを口にしては絶対にダメです。彼らが予備校をやめないよう、だましだましやる。スゴいネーミングの講座で目くらましをする。夢を売る。

それが予備校という商売なのです。

ぐらぐらの土台に建った崩壊寸前の家

それなら勉強のできない生徒はいったいどうしたらいいのか。平民は一生、平民なのか。敗者復活はないのか。そう叫びたくなると思います。

平民だって「大事なお客さま」なんだから一生懸命に勉強すれば、成績は上がるのではないか。目標校に受かれば合格実績も上がり、予備校と利害も一致するではないか。

この信仰をまだまだ捨てきれない方も多いでしょう。

では、なぜ予備校では成績が上がらないのかを、また違った角度から説明してみます。ここで取り上げたいのは予備校のカリキュラム問題です。

一般的に予備校のカリキュラムは次のような形で作成されています。

1　基礎講座

各科目における基礎を学ぶ。今後積み上げていく学習の、すべての土台となる部分。

2 発展講座

各科目の基礎が分かっていることを前提に、プラスαの部分を学習する。一般的に予備校では「オプション講座」として扱われることが多い。

3 応用講座

受験を意識した講座。過去問対策などが行われる。1および2をしっかりマスターしていない限り、理解は難しい。

科目によって、多少の違いはありますが、どの予備校もカリキュラムはだいたいこんな形で組まれています。たとえば英語の場合、「基礎講座」にあたるものが「単語・文法」の学習。「発展講座」にあたるのが「構文」の学習。「応用講座」にあたるのが「長文読解」です。

基礎→発展→応用。こう書くと、まことに当たり前で、ベーシックなカリキュラムに見えるでしょう。予備校のやり方になんの問題があるのか、ピンとこないかもしれません。しかし、ここに学習の順番という要素が入ってきます。

普通の人なら、基礎を確実にした上で発展をやり、次に応用へと進むのが順当というものです。しかし予備校は一般人とは違う発想をする不思議な世界です。予備校のカリキュラムというのは、基礎も発展も応用も、全部平行して開講されています。したがって生徒は基礎講座をうけながら、発展も応用もやる。つまり英文法をやっている最中に構文を読み解く講座を受け、さらに長文読解へも手をつけるのです。

しかも各講座では、まるまる1年をかけて1冊のテキストを1回だけ終了させることになります。このやり方だと効率が悪すぎますし、あれもこれも手をつけるから、自分の手を動かして問題を解いたり、何度も復習して記憶を確かにするという時間がないのです。

偏差値60の賢い生徒なら、すべてを平行してやっても、なんとかこなせるかもしれません。もともと基礎も発展も頭に入っている場合が多いからです。そうでない大半の平民生徒は、まず「基礎講座」からして身についていない。多少は頭に入ったつもりでも、まだまだ完璧ではありません。土台がぐらついているのに、そこへ「発展講座」と「応用講座」を詰め込んで、果たして偏差値が上がるのでしょうか。

建物でいえば、「基礎講座」は家の土台です。「発展講座」は骨組み、「応用講座」は外装・内装でしょう。当然のことですが、土台に敷き詰めたコンクリートの量が不足していたり、固まっていないところへ骨組みを組んでも家は建ちません。

運良く土台ができても、骨組み用の柱の数が足りなかったり、細すぎたりすれば、家は早晩崩れるでしょう。内装・外装までたどり着く以前に崩壊してしまう家が多すぎるのです。

僕は武田塾を本格的に開校する以前、インターネットや電話で受験相談を行っていました。その時、「学校の授業もちゃんと受けているし、予備校で講座もたくさん取って頑張っているのに、全然成績が上がらない」と悲鳴のような相談を持ちかけてきた生徒たちが何人もいました。

ある男子生徒の電話相談で、僕はこう尋ねました。

「そうか。成績が上がらないのか。じゃ、君は普段、どんな単語帳を使ってるの?」

「あ、いつも『英単語ターゲット1900』です」

と彼は答えます。この参考書は最新の入試問題データから「出る順」に1900語の単語を並べた本で、国公立や私立難関校を受験する生徒たちがよく使っています。それで僕は手元にあった『英単語ターゲット1900』を広げて、電話越しに単語テストをやりました。すると参考書に載っているのとまるっきり同じ問題を出しているにもかかわらず、彼はほとんど答えることができなかったのです。

これと同様なことは、他の生徒でも起こっていました。単語をきちんと身につけるという基本中の基本ができていないのです。

僕は、彼らが怠け者で、どうしようもない生徒だと言いたいのではありません。そもそも悲痛な電話相談をするくらいですから、彼らは勉強に対して真摯に向き合っているのです。勉強などどうでもいいと思う子なら、僕のところに電話などしてきません。

ではなぜ成績が上がらないのか。偏差値が上がらないのか。それは彼らが勉強のやり方をまったく分かっていないからです。参考書を読んで「理解」したあと、吸収（「再構築」）して、覚える（「記憶」）。自分自身の頭でしっかりと考え、手を動かし、記憶していくという、確かな勉強方法が実感として身についていないのです。

「成績が上がらなくて、悩んでいます」

この質問を予備校の先生に投げたら、間違いなく次のように答えてくれるでしょう。

「それはいけないな。だったらこの講座を受けるといいよ。分からないところが分かるようになる」

その言葉を真に受ける生徒は、次から次へと講座をとり、その講座で使う参考書を買いまくり、授業を聞くために時間を費やします。

その結果、彼らの成績は上がるでしょうか？

答えは「ＮＯ」です。

たくさん授業を受けて、たくさん勉強しているのに、どうして成績が上がらないのか。おそらく誰もが大きな疑問を持つでしょう。たくさん授業を聞けば成績が上がるのだと思うのが当たり前で、僕だってかつてはそう信じていました。

しかし、そこには大きな落とし穴があるのです。

ここであの真実の勉強方法、「学習の三段階」を思い出してください。授業を受けた後、自分の手で問題を解いて頭の中に「再構築」をし、さらに復習を重ねてしっかりと「記憶」する。これをやらなければ身につかないのです。

たった一度、講義を聴いただけで二度と忘れないという超優秀な頭脳を持っているなら問題はないでしょう。しかし99％の学生は、一度聞いたくらいでは身につかないし、人間は「忘れる生き物」です。成績を上げたいなら、忘れないように復習をし、繰り返し学習をすることで身につけなければいけません。

ところが予備校でたくさんの講座を受けていたら、どんな結果になるでしょうか。一日中、みっちり授業を受けたら、夕方には疲れて家に帰って、ごはんを食べて寝てしまうかもしれません。じっくり復習する時間もないのです。そのまま翌日も予備校へ行って授業を受けたら、前回の授業の内容をしっかり脳へ刻み込む以前に次の段階へ進むことになります。さらに「基礎」も「応用」も平行して受けていたらどうなるでしょう。基本的な英単語もあやふやな生徒が「難関国公立・私立大学対策講座」を受講して、果たして意味があるのでしょうか。

予備校という場所では、その生徒が英単語をきちんと身につけているかどうかなど、一切チェックしてくれません。そんな面倒見のいい、オーダーメイドの進学指導をしていたら効率が悪くて儲かりませんからね。

それならば、偏差値40、50の平民は自衛しなければなりません。自分でしっかり自分の勉強をやれば、確実に成り上がることができます。もう王侯貴族クラスに搾取されるのはまっぴらゴメンです。予備校なんかに頼らなくてもいいんです。

次の章では、いよいよ「学習の三段階」について、詳細に語っていこうと思います。

予備校に行っている人は読まないでください

3章

みのもんた推奨のココア、飲んでますか？

授業大好き派VS直前暗記派

さて僕はここまで、いかに予備校がムダかというお話しをしてきました。まずは前項までのおさらいをしておきましょう。

（1）できる生徒はタダで予備校に通っている。受からなそうな生徒からはお金を取る。
（2）カリキュラムは、もともと勉強のできる生徒向けにできている。基礎、応用、発展を同時に受講させるから、できない子は逆転できない。
（3）予備校は教えるだけ。ちゃんと身についたかどうかまでは管理してくれない。

簡単にまとめると、これが予備校の問題点であり、僕が4年間、予備校へ通い続けてもついに偏差値が伸びなかった理由です。

僕は予備校から割り引き通知をもらったこともないし、講座内容と自分のレベルが合っていたとも思わない。そして講義はすべて受けっぱなしにして身につけていませんでした。つまり（1）（2）（3）の問題点すべてに引っかかってしまったのです！　そして今、受験を目前にしている大半の生徒がこの問題点の被害を受けているのではないか、と心配してこの本を書いているのです。

しかし、そうすると僕のようにできない受験生は何を頼って勉強したらいいのか。タダで予備校に通えない生徒はもう逆転不可能なのか？

いいえ、大丈夫です。僕たちには、あの「学習の三段階」がある。これさえあれば、どんなに成績の悪い生徒でも逆転できるのです。

そこでまず「学習の三段階」の第一歩である「理解」について考えていきましょう。この「理解」に深く関係しているのは「授業」です。学校であれ、予備校であれ、その基本は授業ですね。今の日本の受験生がもっとも関心を持っているであろう「授業」とは、そもそもなんのためにあるのか。そしてなぜみんな、これほどまでに「授業」というものに対して大きな誤解を抱いているのか。この根本的な問いを明らかにしていこうと思います。

さて、ここでたとえ話を1つ出しましょう。舞台は日本史の授業中だと仮定します。

まず、ここに同じ高校のクラスメイトが2人います。1人は授業が大好きなシンジくん。彼は「人生、メリハリが大事」と心得ていて、授業を受ける時はものすごく熱心です。黒板の内容は言うに及ばず、先生の言うことも熱心に聞いて残らずノートに書き取り、必要な部分にはしっかりとラインマーカーを引きます。もともと字もきれいですから、パッと見ると参考書かと見まごうほどです。そして授業が終われば、勉強も終わり。「完璧なノート」をパタッと閉じて、友達と遊んだり、部活に燃えます。メリハリ人生が大好きですから、授業時間以外はしっかり遊ぶのです。

もう1人のコウタくんは、正直かなりの怠け者です。授業中も寝てばかりで、先生の話はろくに聞いていません。当然、ノートは真っ白で、たまに書いてもみみずののたくったような字だから、後でノートを見返してもまったく判読できません。そもそも今、教科書のどのあたりを勉強しているのかも分からないありさまです。もちろん授業が終わればシンジくんと同じように、楽しく遊びます。

さて、そんな2人が定期テストの季節を迎えました。

シンジくんの勉強スタイルはいつもと変わらずです。授業中は熱心に、完璧に。終わればぱったりと勉強せずに遊びます。

一方、怠け者のコウタくんですが、お母さんの怒る顔が怖くて、さすがにヤバイと思いました。そこで「完璧なノート」で有名なシンジくんにすりより、平身低頭でノートをコピーさせてもらいました。まさに伝説的な完璧ノート！　授業の内容が完璧に再現されています。いよいよテスト1週間前なので、今からゆっくり復習する時間はありません。コウタくんはノートにチェックペンを引いて、丸暗記できるまで、ひたすら繰り返しノートを読み込みました。

高校の定期テストというのは、だいたい2ヶ月に一度の割合で行われます。つまりシンジくんは2ヶ月間、しっかりと授業を受け続けたということです。コウタくんは1カ月と3週間も遊びほうけ、残り1週間だけ詰めこみ暗記をしました。

シンジくん……◎授業を超集中して聴く。　×テスト勉強は全くしない。
コウタくん……×授業は全く聴かない。　◎テスト勉強ではノートを丸暗記する

さて定期テストの結果はどうだったでしょう？

みなさんはどう思いますか？　普通ならまじめにやったシンジくんだろう。そう考えます

よね。

しかし正解は違います。返ってきたテストを見ると、コウタくんの方が点数がよかったのです。

その理由は簡単です。

授業を受けただけで、日本史の用語、年号、因果関係をすぐに覚えられる人は、いったい何人いるでしょうか？　そんな優れた頭脳の持ち主はおそらく全国に数人しかいません。ほとんどの生徒は授業中に歴史用語など、テストの点数に結びつく知識は覚えきれないのが普通です。

仮に授業を聞かなかったとしても、ノートを丸暗記さえしてしまえば、話は違います。先生が書いた黒板の内容を確実に写したノートがあって、これをテスト会場に持ち込めるなら、そのテストはかなりの高得点を取れることが容易に想像できますね。つまり授業を聴いただけでは成績は上がらず、むしろ授業の後にノートを覚えたかどうか、テストに出る部分を復習し、自分のものにしたかどうかが勝負の分かれ目なのです。

もし授業の受け方で成績が決まるとしましょう。そうであれば、そのクラスの生徒はみんな同じ授業を受けているので、寝ている人以外はみんな同じ成績を取るはず。でも現実には同じ授業、同じ教科書を使用しているにも関わらず、トップとビリが存在する。その理由は「授業のあと」にあるのです。

授業を受けた時点で勝負は決まりません。授業の内容をいかに自分のものにするか、覚えたか、暗記したかが最も重要であり、そこを僕は「再構築」と呼んでいるのです。

授業を一生懸命に聴いていても、机につっぷして寝ていても、ノートに書かれていることを覚えなければテストで点数は取れません。

授業を受けただけでは、成績は上がらない。

僕はこのことを強くみなさんに伝えたいのです。

授業はあくまで最初の一歩

こういう風に書くと、まじめなシンジくんがずいぶん哀れに見えてきます。しかし彼の行動は以前の僕とまるで一緒です。予備校へ行って、なんだかスゴイ授業を熱心に受け、その瞬間は分かった気になるが結局は身についていない。復習もしないから、しばらくすれば（極端に言うと1日も経てば）、すっかり忘却の彼方なのです。

「いくらなんでも、こんな極端な話はないだろう。やっぱり授業をきちんと受ければそれなりに身につくのではないか」

と、読者のみなさんは思うかもしれません。

しかし、かつて僕がそうであったように、ただ授業を受けただけで満足している生徒はたくさんいるはずです。自分が「授業を受けっぱなしにして、結局は身につけていない生徒」であるかどうかを見分ける、一番簡単で分かりやすいチェック方法があります。それは今まで予備校や学校で習った範囲のテキスト、問題集を解き直して、いったい何割できるか、ということを調べてほしいのです。

一度学習した範囲であれば、8割以上は正解できる。こういう生徒なら、まずは合格です。しかし習った範囲にも関わらず、問題集を解き直してみると半分も正解できない。実際はこういう生徒がほとんどなのではないでしょうか。

とはいえ彼らは別に勉強をさぼっていたわけではないと思います。高校や予備校の授業をそれなりに一生懸命に聞き、ノートを取り、それなりに復習していた。でも結果としてできていないということは、授業を受けっぱなしにしたシンジくんと同じなのです。

授業を受けるだけで満足している。身につくところまでは勉強していない。これが成績の上がらない最大の原因だと僕は考えています。

もちろんシンジくんのように、熱心に授業を受けるというのは大切なことで、この部分はコウタくんも見習う必要があるでしょう。しかし必要なのはその次の部分。何度でも復習して暗記する。これをやらなければ、すべての授業はみんなムダに終わるんです。

これは受験勉強だけに留まりません。そもそもすべての勉強は、シンジくんとコウタくんのやり方を足して1つにしたものなんです。

まず学んで理解する→問題を解いて復習したり、しっかり暗記する→忘れないよう、何度も復習する。

これが「学習の三段階」でしたよね。考えてみれば、ものすごく当たり前のことを言っているだけなんです。でも受験生のほとんどがこれをやっていません。むしろ、みんなは「授業を受ける」ことを最重要視しています。そのため予備校の講座選びに熱心になるわけですが、授業というのはあくまでも「第一段階」に過ぎません。受験生時代の私も含めて、多くの受験生の皆さんは「授業の意義」を履き違えています。授業を一生懸命に受けるということは、どういう意味があるのでしょうか？

授業を熱心に聞いたシンジくんは、授業中に寝ていたコウタくんにテストの点数で負けてしまった。ということは、まるで授業など意味がないような気がしてきます。

しかし決して意味がないわけではないのです。コウタくんは授業を受けていなかったため、後から非常に困る部分が出てきます。それは「ノートが覚えにくい」ということ。授業中に先生の話を聞いていれば、ノートに書かれている歴史の流れや用語の意味がよく理解できるので、非常に覚えやすいはずです。ところがコウタくんは授業を聞いていませんから、文字通りの「丸暗記」になってしまい、どうしても覚えられなければ、結局、教科書を開いて用語や歴史の流れを調べざるを得ません。独学に近いですから、手間も時間もかかって、非常に苦労したと思います。

実は、このコウタくんの苦労の部分に、本当の授業の意義があります。

授業を受けると学習した範囲の「理解」ができるので、1人で覚える時にやりやすい。テスト勉強がやりやすくなる。つまり「再構築」しやすいのです。これが授業最大のメリットです。

皆さんのイメージの中にある授業は、「成績を上げるために一生懸命に聞くもの」だと思います。そうではなく、「1人で勉強しやすくするための第一段階」というのが、授業の正体です。あくまでも「第一段階」であり、授業それ自体では成績は上がらないのです。むしろ授業を聞かなくても、コウタくんのように気合いで丸暗記してしまえば成績は上がります。ひとりで机に向かう「授業後の勉強」の方が、よっぽど重要なのです。

そういう事実があるのにも関わらず、「第一段階」まではなんとかやっても、自分で問題を解いたり復習したりという「第二段階」をやらないから、勉強は身につかない。そして予備校や高校では「授業の重要性」ばかり強調され、復習の重要性、授業の本当の意義など教えてくれません。

それはなぜか？

真実を教えてしまうと、高校では授業中に熟睡してしまう人が続出、テキストやノートのコピーで勉強を乗り切る人が続出するからです。予備校では講座を受ける人がいなくなり、潰れてしまうからです。だからこそ僕が予備校に代わって、みなさんに詳しくお伝えしようと思うのです。

授業では成績は上がりません。授業はただの「第一段階」であり、授業の後で行う自習、すなわち「再構築」と「記憶」の方がよっぽど重要です。学校の授業で十分だと思ったら、または自分の力で「第一段階」をこなせるなら、あえて予備校の授業を受けなくてもいい。ましてお金がないなら、無理して受ける必要はまったくありません。

次の項では授業の後の学習はどのようにすればいいのか、その方法を細かく見ていきましょう。

ひとりで折り鶴、折れますか?

さて、再び「学習の三段階」です。

まず第一段階が「理解」。これは学校や予備校で授業を受けている段階のことです。授業では先生が黒板に大切なことを書きながら、この時間で理解すべきことを解説していきます。たとえば世界史なら、各時代に起こった事件の内容や語句の説明。数学なら公式の説明とその利用方法。英語なら文法の使い方や単語の意味などですね。

生徒たちは、ここでコウタくんのようにグウグウ寝ていてはダメですよ。先生の言葉をよく聞きながら、黒板に板書きされたものをノートに写していきましょう。そして先生の言っていることが「分かる」という状態になる。

これが「理解」の段階です。

ここで「分かる」ことは非常に重要です。真実の勉強方法の第一歩ですから、ここで理解できなければ、スタートラインに立てません。しかも中途半端に「分かった」つもりではダメです。先生の話してくれた内容は全部分かった、理解した。きちんと重箱の隅までつっついてくださいね。

きっとここまでなら、ずいぶんたくさんの生徒たちが「これなら俺だって、私だってやってるよ」とうなずいていることでしょう。

でも、この段階で転んでいる予備校の生徒を私はたくさん知っています。「授業のペースが早くて、途中から分からなくなった」とか、「自分のレベルにあっていなくて、よく分からなかった」等々。その場合は講座の取り方そのものが間違っていますから、よく自分のレベルと相談してみてください。

さて、第二段階は「再構築」です。

この「再構築」という言葉はちょっと難しい響きがしますね。でも内容はごく当たり前のこと。簡単に言うと「習ったことを使ってみる」――これだけです。

分かりやすいように、こんな例を出してみます。

もう一度、５、６歳の子どもに戻って、折り紙の練習をしてみましょう。おばあちゃんが折り鶴の折り方を教えてくれるのです。

おばあちゃんは折り紙を何十年もやっていますから、得意中の得意。「ほら、鶴はこうやって折るんだよ」と言いながら、手際よく折り方を見せてくれます。もう何度も見たので、僕（私）はすっかり手順を覚えたつもりでした。そこで新しい折り紙を一枚もらって、自分で折ってみることにしました。さて、ちゃんと折れるでしょうか。

これが案外難しいのです。見るとやるとでは大違い。「あれ、鶴の羽のところって、どう折るんだっけ」などととまどってしまいます。おばあちゃんが横から手を出して、一緒にやってくれます。

そして2つ、3つと鶴を作っていくと、ようやく折り方が身についてきました。もうおばあちゃんがいなくても、ひとりでキレイな折り鶴ができます。これで折り鶴の「再構築」ができたというわけです。

このたとえ話で僕が伝えたかったことを、分かっていただけたでしょうか。折り紙の折り鶴ですら、習った直後に自分ひとりでやってみようと思ったら、できなかった。そういう経験はよくあることです。折り紙に関わらず、初めて習ったことは何度も挑戦しては失敗し、何度も習って、やっとできるようになる。これが人間のごく普通の行動です。

普通、授業を受けただけで歴史の用語や数学の問題の解き方が一発でできるようになるわけがありません。折り鶴でさえ失敗するのであれば、もっと複雑な内容のもの、歴史用語や数学の問題、英文法、その他諸々の教科については、授業などで学んだ後（理解）、できるようになるまで何度でもやってみる（再構築）必要があるのです。

つまり授業を見て聞いて、理解したつもりでも、自分ひとりで使ってみなければ本当の意味で頭に入ったことにはならないのです。特に数学の場合は分かりやすい。たとえば新しい単元で新しい公式を習います。

「ほう、なるほど。そうなんだ」

と理解しても、その公式を使って実際の問題を解かなければ、自分がちゃんと「理解」し、使いこなしているのか分かりません。学校や予備校で新しい公式を習ったら、必ず問題を解いてみましょう。

「この公式をこうやって使えば、この答えがでるんだ」

と、自分の手を動かしながら正解にたどりつきましたか？　もしうまくいかなかったら、もう一度テキストに戻って、公式の意味を確認したり、できなかった問題の解答を見て「理解」を深めてください。

そして再度、自力で問題を解いてみましょう。できましたか？　この段階がクリアできれば「再構築」が完成です。もうおばあちゃんがいなくても1人で折り鶴が折れますし、どんなテスト会場に行っても、1人で公式が使いこなせるわけです。

できないものには×をつけろ

さて、僕はここまで「ひとりでできるようにする」「理解で終わらせることなく再構築せよ」ということの重要性をとうとうと訴えてきました。なぜなら「再構築」が授業よりも重要であり、またこれが勉強の最大のネックだからです。

ここで受験生のために「再構築」の具体的かつ確実なやり方について書いていきます。ずばり、その方法は次の通りです。

理解したものはすべて「再構築」し、「再構築」に失敗したものには「×」をつけ、できるようになるまでやる。

以上です。

……なにか、あまりのしょぼさに、ここまで読んでくれた方々はびっくりされたかもしれません。どこかで聞いたことのある方法ですよね。「できなかったものには印をつけ、できるようになるまでやりましょう！」なんていうことは、これまでの人生で少なくとも5回くらいは聞いたことがあるかもしれません。

しかし正直、これがすべてです。

定期テストで高得点の人、偏差値が高い人はみな、形は違うにしても、結果として「できるものとできないもの」を分類して、「できないものをできるようにしている」のです。そのもっともシンプルな方法が

理解したものはすべて「再構築」し、「再構築」に失敗したものには「×」をつけ、できるようになるまでやる。

ということなのです。

さらに具体的に書いていきましょう。

（1）最初の「×」

数学のテスト範囲の問題集に、100個の問題があったとします。この100問に関しては授業で習ったはずです。しかし、これまで散々語ったように、習っただけではできるようになりませんね。そのため、100問をまず自分で一度、解いてみます。そして解けなかった問題に「×」をつけましょう。

（2）2度めの「再構築」

この「×」のついた問題は、すでに授業で習ったけれども「再構築」に失敗した問題たちです。その問題のみ、じっくりと解答解説を読み、「理解」し直しましょう。そして「こういう解き方だったのか！　分かったぞ！」と思ったら、再び「×」のついた問題のみ解き直します。

（3）2度目以降の「×」

2度目の「再構築」で完璧にできるようになれば良いのですが、なかなか人間は100％の領域にまでは到達はしません。もう一度、「×」のついた問題を解いてみて、またできなかった場合は2度目の「×」をつけます。そして間違えた問題のみ「再構築」をやり直して、もう一度テストする。すべての問題ができるようになるまで、(1)と(2)を何度でも繰り返します。

この方法を繰り返していけば、いつかは必ず100問が完璧にできるようになりますし、テスト範囲の問題集にある100問をすべてできるようにしてテストに臨んだら、当然、高得点になると思いませんか？　今までの勉強ではなんとなくノートを眺め、なんとなく問題を解き、間違えた問題に印はつけるものの、徹底的に「できるまで解き直す」ということはしていなかったと思います。

復習したとしても、結局1人で完全にできるようになるまで実践していなければ、それは「理解」しただけ。ほぼ第一段階で止まっている状態で、点数には結びつかないのです。点数が欲しかったら、偏差値を上げたかったら、できなかった問題をすべて自分のものにする必要があります。

ここでは数学の例が分かりやすかったので書きましたが、他の教科もまったく同じ要領です。

歴史ならノートや教科書に覚えるべき用語がありますから、それをチェックペンなどで消しましょう。赤シートをかけ、それらの用語が言えるかどうかをチェックします。

たとえば「江戸時代」における重要語句や歴史の流れがすらすら言えますか?

いくら歴史好きの生徒でも、なかなか一度では覚え切れませんから、その場合はできなかった部分に×を書き込み、再度復習です。

「あ、そうだ。この政策はこんな名前だったな」

「武家諸法度とはこんな意味だった」

など復習を繰り返しましょう。もしきちんと言えたなら、なにも書かず、言えなかったものにだけ「×」をつけます。そして言えるようになるまで、何度でも繰り返す。

ただこれだけのことですが、もっとも最短で確実な方法です。


ところが今、予備校にあふれかえっている受験生で、これができていない子がどれだけ多いことか。そして僕が主宰する受験相談に悲痛な文面のメールを入れてくるんです。

「予備校には行っているけど、成績が上がらない」

「問題集は解いているが、成績が上がらない」

これらの悩みの原因はほとんどここにあります。予備校で授業を受けっぱなしにすれば、それはテレビをだらだら見たのと同じことで「理解」に留まっています。自宅でちゃんと問題集を解いても、間違った問題に×をつけ正解を見て終わりでは、まさにやりっぱなし。「再構築」するためには、もう一度、自分で間違った問題を解き、完全に自力で正解できなければダメなんです。

そして、ぜひ想像してみてほしいのです。数学のテスト範囲の問題集が一冊まるまる解けてしまう人がいたら、驚きませんか？　社会のノートの用語の部分をすべて暗記している人がいたら、成績がいいと思いませんか？

この方法はどんな人でもすぐに実践できます。でもみなさんは、ただなんとなく授業を一生懸命に聞いたり、ノートや教科書を眺めたり、問題を解き直したり、ラインマーカーで線を引いたりしているだけなんです。完璧に全部、できるように、覚えるようにはしてませんね。

「再構築」は各自それぞれのやり方があってもかまいません。しかし「習った」範囲、「理解した」範囲のものは、すべて自分でできるようにしなければいけません。これが何より重要なことであり、みなさんがもっともできていないことです。ちょっと面倒に見えるかもしれません。でもこれをしっかりやるだけで、成績は劇的に変化します。びっくりするほどテストができるようになるんです。

●まとめ

(1) 習ったことをすべて「自分でできるのか?」と確認する。

(2) できなかったものには「×」をつける

(3) 「×」がついたものは、すべてできるようになるまで復習する。

人間は物忘れする動物だった!!

授業で「理解」をし、自力で「再構築」をした。

すごい。ここまでできれば、受験生たちの学力が相当上がってきているはずです。「再構築」が完成した直後にテストを受ければ、満点を取るのも夢じゃありません。偏差値が一挙に上がり、もう笑いが止まりません……と言いたいところですが、まだ受験の神様は満足してくれないのです。ここまででは「学習の三段階」の「第二段階目」までしか到達していません。

この後に、人間のおそるべき宿命が襲ってきます。「人間は物忘れをする動物」だという宿命が……。

「理解」「再構築」で一度完璧になった学習の内容は、悲しいかな、時が流れるにつれてどんどん忘れていきます。これを防ぐ唯一の方法は、何度も何度も復習するしかありません。

これが第三段階目＝「記憶」です。

と、書くと、ものすごく当たり前のことですが、ここをきちんと突き詰めている受験生がいったいどれくらいいるでしょうか。

復習しなければいけないと思いつつも高校や予備校の授業に追われ、家に帰ったらメールかゲームかテレビか、ぐったりして眠るだけ。新しい参考書ばかりに手をつけて、そちらに時間をとられ、以前に手をつけた参考書を再度やってみる、見返すということができない人が多いのです。

学校の先生も予備校の講師も、「しっかり復習しておけよ」とか「復習は大事だ」など、親切に言ってくれたでしょう。しかしどのように、いつ復習すればいいのかという具体的なやり方や理論は教えてくれません。したがって、より一層、生徒たちは「復習」に手をつけなくなるのです。

復習はタイミングと回数が命です。ヒトの脳の特性に合わせて、もっとも効率的なタイミングで復習を繰り返すことが何よりも大切なのです。この「記憶」について考えるとき、「忘却曲線」という言葉がキーワードだと僕は考えています。聞いたことのある方も多いと思いますが、これは「人が一度覚えたことを時間の経過とともにどのくらい忘れるのか？」を調査しグラフに表したものです。

ドイツの心理学者エビングハウスという人がこんな実験をしました。

無意味なアルファベットの羅列を暗記して、時間の経過とともに、どれだけ覚えているこ とができるか、どれだけ忘れてしまったかの

忘却曲線

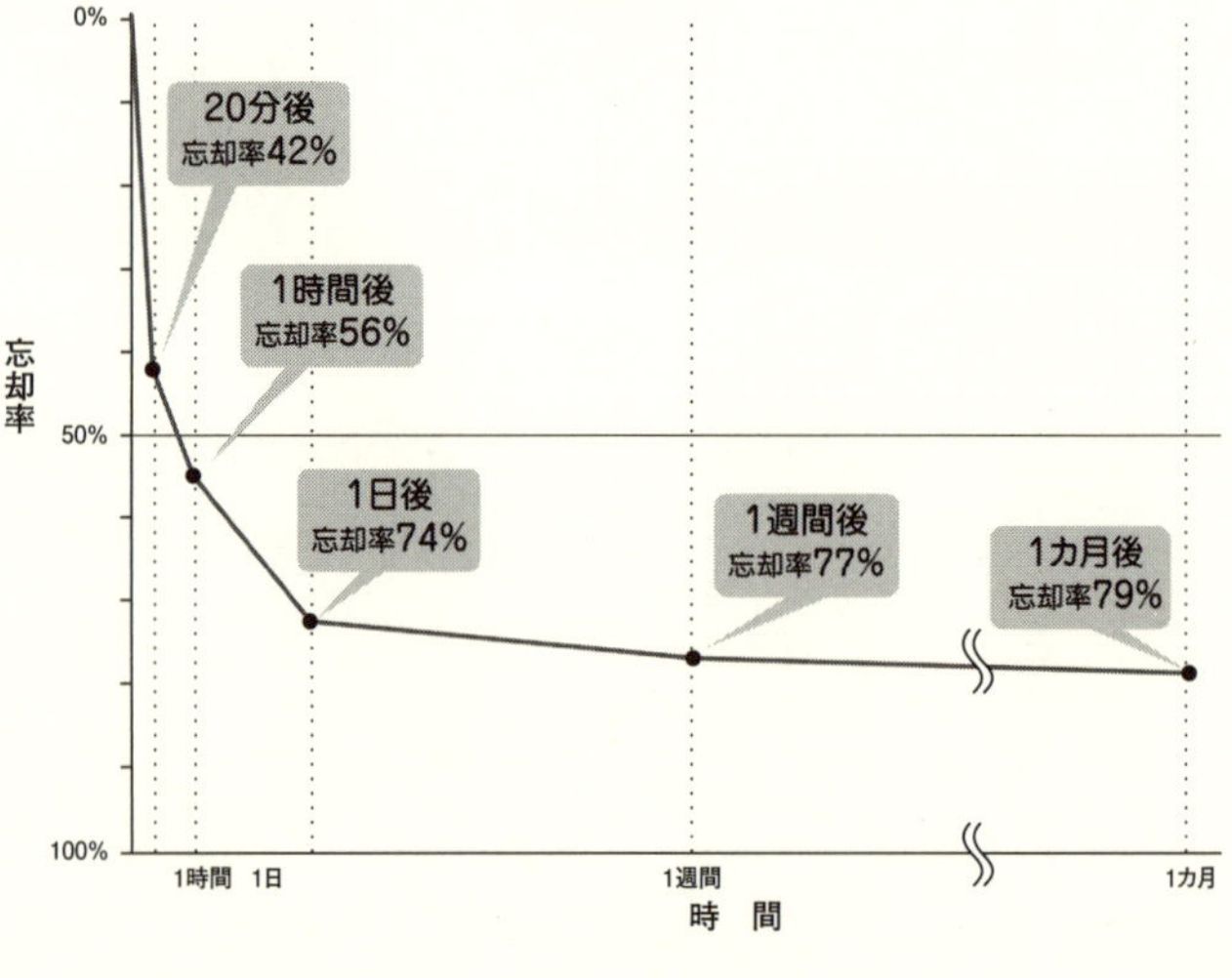

統計を取ります。

その結果、20分後には42％忘れ、1時間後には56％忘れた。1日後には74％忘れ、1週間後には77％、そして1カ月後には79％も忘れ去ってしまったのです。

特にポイントは最初の20分から1日後までの急激な「忘れ度」でしょう。たった1日で7割も記憶が消えています。これはものすごいことですね。

しかしこの実験の条件について、ぜひ再確認していただきたいことがあります。

この実験は100個の無意味なアルファベットの羅列を、いったんは言えるようになっていることが条件です。おそらくエビングハウスさんは、まず100個の無意味なアルファベットの羅列を懸命に覚え、完璧になったと思った時点で、一度、テストしたはずです。ダメなら「×」をつけ、覚えていなかったものを覚え直し、全部言えるようになった時、実験がスタートするのです。多くの受験生がやっているように、ただ単語を100個眺めて、適当に書いて、読んで、そして勉強を終わりにした状態で、このエビングハウスさんの実験を行ったら、もっと悲惨な結果が出るはずです。なぜならそれは「理解」しただけで「再構築」できていない状態ということですから。

さらにこの実験では「無意味なアルファベット」を記憶するという条件なので、受験生が取り組んでいる勉強の条件とは、また違ってきます。

たとえば「英単語→日本語訳」の間には特に意味がないため、もともと繋がりのない2つのことを繋げて記憶することは難しく、忘れる速度は速いです。エビングハウスさんの実験によるところの「無意味なアルファベットの羅列」を記憶するのに近いかもしれません。

これに対して、数学の問題と解答の間には何かしらの繋がりや「論理的理由」があることが多く、そういう場合、忘れる速度が遅い。つまり忘れにくい。

そのため、復習のタイミングは教科、覚える範囲、生徒による個人差があるため、一概に言うのは難しいのですが、どんな参考書でも最低、4回は復習する必要があります。

ではその復習の方法と、復習のタイミングについて詳しくお話ししていきます。

まず基本的な方法は「再構築」の場合と同じです。「そろそろ復習しなければいけないな」と思う時に、もう一度問題を解き直しましょう。そして間違えたものに「×」をつけ、再び正解が出せるようになるまで繰り返しやる。こうすれば一度覚えた知識は忘却以前の状態に戻ります。つまりグラフが一番上の100％に戻るということです。

100個の英単語を覚え、翌日に70個忘れていたとします。その場合、まずいったんテストをして、忘れた70個を発見し「×」をつけ、また覚え直して100個覚えている状態に戻す。そうすれば失われた知識は修復され、模試や入試まで知識を温存することができます。

「じゃあ、入試直前に復元すればいいんじゃないか？　普段から復習する必要なんかあるの？」と考える人もいると思います。でも、もう少し聞いてください。「忘却曲線」の実験では、時間が経てば経つほど覚えたことが失われ、学習後、一定の時間が過ぎれば確実に記憶がなくなる。そして、まったく記憶がなくなった時点で復習をしても、それは新しく覚え直すことと同じで、本来の意味での「復習」ではなくなっているということを、明らかにしていたと思います。

次のような2つのケースを考えてください。

どちらの方がテストの正解率がいいでしょうか？

A　100個の英単語を暗記する→翌日に復習し100％に戻す→その翌日にテストする。

B　100個の英単語を暗記する→1カ月後に復習し100％に戻す→その翌日にテストする。

どちらも1回復習した翌日にテストをするという点で、条件は同じです。ただ違うのは、復習するタイミングのみ。片方は「翌日」。片方は「1カ月後」。

そして正解はAです。

理由は簡単です。Aの場合、復習しているときに「あー、この英単語は昨日やったのに。しまった！　忘れてた！」と思えます。つまり答えまでは導けなくても、やったことは覚えているレベルの忘れ具合なので、復習したことに意味があるのです。

一方、Bのケースの場合、英単語を暗記してから1カ月も経っているため「あれ？　こんな英単語があったっけ？」という感じ。つまり初対面と同じ状態に戻り、一度勉強したことが無意味になってしまったのです。

つまり、まだ頭の中に記憶がある段階でもう一度見直し、記憶をより強固にする。さらに少し時間をおいて、再度見直して記憶を鍛え上げる。これが王道の「復習」です。この例からも分かるように、一度完璧にしたものを最後まで放っておいて、直前期にすべて復習すればいいというわけではないのです。覚えているうちに何度も復習しなければ意味がないのです。

ただし受験準備の時間は限られています。その時間をなるべく有効に活用するためには、できるだけこの復習の回数を少なく抑えるのが理想です。

そのための1つの方法が「タイミング」で、もう1つの方法が「つながり」です。「英単語よりも数学の方が覚えやすい」と前述しましたが、それは数学には「つながり」があるから、記憶しやすいわけです。一方で「つながり」が薄く、記憶が薄れやすい英単語や年号、歴史用語の復習はどうればいいか。

そのような「無意味」なものに「意味」「つながり」を持たせてしまう方法があります。それが「語呂合わせ」です。

たとえば世界史の中の文化史では、『女の一生』という作品の著者が「モーパッサン」であることを覚えなければなりません。その際、こんな「語呂合わせ」を使ってみましょう。

「女の一生、もう婆さん」→「『女の一生』モーパッサン」

このように「意味」と「つながり」をつけてしまえば、忘れにくくなります。正直、この「記憶」部分や暗記法だけで本を一冊書きたいくらいの思いなのですが、ここばかりを詳しく解説しても仕方ないので、詳しくは武田塾特別客員講師の別宮先生による『ベック式！魔法の暗記術』を参考にしていただければいいと思います（ちなみに『女の一生』の語呂合わせも別宮先生の作品です）。

敵を倒すための武器を揃えよう！

「理解」「再構築」「記憶」。ついに、この「学習の三段階」をクリアしました。これでいよいよ受験に向けてのスタートラインに立つことができたんです。

しかし、志望校合格というゴールに向けては、もうひとつ必要な条件があります。それは「武器を揃える」ことです。

なんだか勇ましい言葉ですが、つまりは「志望校の難易度をカバーするだけの知識を身につける」ということです。目標とする学校が東京大学の人と学習院大学の人だと、必要とする知識量が違うからです。

この時、どの参考書をどの段階で選ぶかということが一番重要になってきます。

受験生がよくはまる失敗というのは、やみくもにたくさん手をつけて、やった気になるというタイプ。高校2年レベルの数学参考書を１００冊やったところで東大には絶対に入れません。かといって、東大レベルの参考書だけを１００冊やっても、その以前に基礎を固める勉強ができていなければ意味がない。

つまり「授業ならなんでもいい」ではなく、参考書も「やればいい」ものではない。自分のレベルを知り、自分レベルの参考書なりテキストを仕上げる。すると一定の知識が身につきますから、1ステージ上げて、次のレベルの参考書をやるのです。これを順番にやって徐々にレベルアップさせ、最後には東大合格レベルまで自分を高める。つまりゲームの最終ステージに現れる、最強・最後の敵と闘うだけの十分な武器を持とうということです。

こう書くと、ごく当たり前のことのように聞こえますが、ここでも大勢の受験生たちが間違いを犯し、ラスボスに撃沈させられています。行き当たりばったりの武器選びで失敗している生徒が大勢いるのです。

現在、英単語帳として有名なのが「英単語ターゲット」と「システム英単語」の2冊です。基本的な本の構成は両者ともよく似ていて、出題頻度ごとに受験に必須の英単語が記載されています。本の最初の方は簡単なもの、後半になるほど難しく、最終的には早稲田、慶應クラスまで十分に対応できる単語2000語をカバーしています。

ここでまた例を出してみましょう。

ともに早稲田大学を志望するヒロシくんとタカシくんがいます。まずヒロシくんは「英単語ターゲット」を最初から最後までやり、2000語を覚えました。

一方、タカシくんは「英単語ターゲット」と「システム英単語」の前半を1000語ずつ、全部で2000語を覚えました。

単純に単語数だけを言えば、ヒロシくんもタカシくんも実力は一緒。この段階でセンター試験を受ければ、2人ともあまり点数に差はありません。センター試験レベルの英単語は「英単語ターゲット」「システム英単語」の前半1000語にだいたい入っているから、両者はほぼ同レベルの武器を備えているというわけです。あえて言うと、タカシくんはセンター試験レベルの勉強をヒロシくんの2倍やっているので、多少、点数が上かもしれません。

めでたくセンター試験をクリアしたので、次は早稲田大学入試レベルに突入しましょう。ここでの成績はどうでしょうか。

今のままではほぼ間違いなく、ヒロシくんが勝利します。

「俺だって2000語、覚えているんだぞ。なんで負けるんだよ」

というタカシくんの怒声が聞こえてきそうですが、これが現実です。なぜかというと、タカシくんはレベルの低い武器を2000個も持っているだけで、ラスボスを倒すレベルの武器がない。その点、ヒロシくんは「英単語ターゲット」の一番最後の方に載っている高レベルの単語を知っています。ラスボスを倒す武器を持っているからこそ闘いになるのです。

「武器を揃える」ための基本は、自分のレベルを正確に知り、レベルにあった参考書を一冊しあげることです。同レベルの参考書を2冊やってしまったタカシくんのような失敗はしないでくださいね。完全に時間の無駄です。

それができれば次の段階へアップ。再び最適な参考書を一冊選んで仕上げ、能力を次のレベルまで引き上げます。これを黙々と積み重ねた人がラスボスを倒し、目標校に入れるのです。

したがって参考書の選び方を間違えば、勉強を始める以前に勝負が決まってしまいます。それをよく知って、確実な勉強を進めてください。

ドラマを見るより原作マンガの方が早い

前項ではヒロシくんとタカシくんの例を出しましたが、ここでのキーワードは「一冊を完璧に」です。

受験相談をしてきた生徒に電話越しで「英単語ターゲット」の問題を出したら、ほとんど回答できなかったという話を、2章の終わりにしましたね。結局、彼はアレもコレもと参考書をたくさん買い込みすぎて、どれもきちんとやりきれず、中途半端な知識で終わってしまったのです。これではラスボスをいつになってもやっつけられません。

偏差値を上げたいと思えば、一度に使う「英単語の参考書」は1種類だけです。たった一冊を9割以上できるよう、徹底して使い込めば偏差値はかなり上がります。ここで一冊を完璧に仕上げたら、改めて次のレベルの英単語帳にアップすればいいのです。

また範囲の広い日本史や世界史でも、一問一答式の問題集を9割以上、間違えずに解けたら、これもまた偏差値が一気に上がります。レベルを徐々に上げていって、3、4冊もクリアすれば十分でしょう。これだけの問題集で9割以上の正解率をあげれば、おそらく偏差値は65は超えます。ですから、これまで参考書購入に注ぎ込んだお金はだいぶムダになっているわけです。参考書200冊の蔵書を誇っていた僕がいよいよ哀れになりますね。

つまり「一冊を完璧にする」ということは、これから建てる立派な家の基礎を徹底的に固めることを意味する。

こんな当たり前のことを、世の受験生は僕を含めて、ほとんど誰もやっていません。それはなぜか。

予備校の経営に差し障るからです。

生徒たちが一冊の参考書だけにとりついて、それを4回も復習するとなると、なかなか新しい講座を取ってくれません。参考書も売れませんから、商売あがったりです。「たくさん授業を受ければ成績が上がる」という間違った認識を流行させ、じゃんじゃん講座を取ってもらう方が、予備校側としては大いに助かるのです。

そして時々、授業中に派手な花火をピカッと光らせて、生徒たちに夢のスパイスを振りまきます。

「これ、東工大で出た問題なんだよ。こう解けば完璧にできる」

など、先生が黒板で説明すると、見ている生徒たちは

「テクニックが身についた。俺でもできそう」

「いいこと知っちゃったな！」

と舞い上がって、いい気分になります。でも、まあそれだけのことです。テレビでよくできたCMを見て、楽しんでしまったようなもので、正直、偏差値アップには何にも関係がありません。

また予備校の講座というのは、テレビの連続ドラマのようなもので、1週間に一度の授業でゆっくり勉強を進めます。たとえば英文法だけで1年間もかける。これでは効率が悪すぎ

ます。最近はマンガを原作にしたドラマが多いようですが、物語をさっさと知りたい場合、半年かけてずるずると放映されるドラマを見るより、原作マンガを徹夜で読んでしまった方が圧倒的に早いですよね。

勉強もまったくこれと同じなんです。決して予備校のペースに巻き込まれない。自宅の勉強机の上で、自分のペースでじゃんじゃん進めてしまえば予備校で1年間かけて習う内容を、わずか数カ月でやり終えることができます。予備校のエライ先生から習う1学期分の授業も、恐らく2～3週間でOKでしょう。

受験生は常に時間との闘いをしていますから、効率をもっと大事にしなければダメです。連ドラよりも原作マンガ。これはよく覚えておいてくださいね。

僕はココアを飲んで特待生になった

「ココアを飲んで特待生になった」なんていう見出しをみせられて、きっと読者の皆さんの頭には？マークがたくさん浮かんでいることでしょう。

これは以前、みのもんたさんが司会をしている昼のテレビ番組を見て、僕がふと思いついた隠喩なんです。

みのもんたさんがいつもの名調子で
「ココアって、からだにいいんですよー」

と、ニコニコ解説をして、スタジオのみんなもウンウンとうなずいています。「ココアを飲み続けるとコレステロール値が……」とか「腸がきれいになって……」とか、あの絶妙トークでつらつらと語られると、すっかりその気になります。ココアに関しては視聴者がにわかに行動的になり、スーパーへ走り、一時期はどこの店へ行ってもココアが売り切れになりましたよね。

でも実際、あの時に買ったココア。みなさん、どうしてますか？

数杯飲んだっきりで、それっきり忘れて、台所の引き出し奥深くとか、冷蔵庫のすみっこに放置しているのではないでしょうか。下手をすると、買っただけで満足して封も切らず、食品戸棚の上で、ただほこりをかぶっているだけかもしれません。もちろん、がんばって飲み続けた人もいるでしょうが、多分それは少数派だろうと僕は踏んでいます。はやりの健康方法などは、すぐ忘れられてしまうものです。

このプロセス、なにかに似てませんか？

そうです。予備校に通っている受験生の行動ですね。みのもんたさんのような、ド迫力のカリスマ講師が、華麗に講義を行って、みんなとても感動した。すごく分かった。心が動いた。でも授業は1時間そこらで終わりですから、あとは自分でやっていかなければなりません。

カリスマ講師は一生徒に

「先週のあの講義のこのポイント、ちゃんと復習したか？」

などとは絶対に聞いてくれません。当然、チェックもしないし、完璧に丸投げです。みのもんたさんだって、「○○さん、今朝、ちゃんとココア飲んだ？」なんて聞いてくれませんから、それと同じです。

みのさんはテレビの中にいるから、仕方ないと思うかもしれませんが、予備校によってはカリスマ講師が登場するＤＶＤを教材にすることがあります。

また予備校にありがちな「集団授業」だと、生の人間が出てきて講義をするものの、どこかテレビを見ているようなところがあるんですね。１００人もの生徒を集めた大教室が会場ですから、講師は生徒1人ひとりを見て話すということができません。生徒がちゃんと話しを理解したかどうかも不明のまま、授業が進みます。ただ彼らはマイクを持って話すので隅々まで声が届き、黒板に板書きするときは、後ろの生徒に配慮して、とてつもなく大きな文字を書いてくれます。あの手、この手でサービス精神旺盛なところが、またテレビっぽいのです。

いずれにせよ、講義（番組）が終われば、それっきりです。丸投げ方式はなにもかわらないので、「理解」「再構築」ができるかできないかは、すべて生徒の自己責任というわけです。分からないところを質問したい。そう思ったら、講義の終わるのを待って、先生に質問をする方法しかありませんが、実際の様子を見ると、そこまで粘っている生徒はほとんどいません。その瞬間はプロ講師の話術に心満たされて、分かったつもりでも、実際には「理解」段階で転んでいたということだって珍しくないのです。

ある予備校の講師は、集団授業をする時にこんなことを考えると言っていました。

「集団授業は何人を切るかが勝負」。

どういう意味かというと、授業を受けている生徒100人のうち、何割に理解させるかを考えながら授業を進めるということ。3割に理解させようと決めたら、残りの7割は置き去りにされ、顧みてももらえなくなってしまうのです。もし成績の悪い7割に合わせたら、上位の生徒は不満を持つし、合格率が落ちてしまうことも考えられます。営業戦略的に、合格率アップは必須項目ですから、これでは困るのです。

したがって、うち捨てられた7割は自助努力するしかない。ココアがいいと分かったら、自分できちんとココアを購入し、毎日ココアを作り、毎日飲む。この手続きが必須なのです。

そして僕自身、「学習の三段階」を知ってからは、ちゃんと自分でココアを作って、きちんと飲むようにしました（もちろん隠喩ですよ）。大学に入ってからは、正直、あまりまじめに通う学生ではなかったのですが、その代わりテスト前になると、レジュメを徹底して復習しました。「再構築」して「記憶」に持ち込む。当たり前の話ですが、みのさんの話を聞いただけでは健康になりませんよね。健康になるかどうかは、みのさんが話している内容を自分一人で実践しているかどうかにかかっています。ココアを飲んだか飲まないかが勝負の分かれ目です。みのさんの話を聞いても聞かなくても、ココアさえ飲めば健康になります。

これとまったくおなじなのです。

授業を聞いただけでは成績が良くなるわけではありませんよね。成績が上がるかどうかは授業内容しっかり覚えたかどうかにかかっています。内容を覚えたか覚えてないかが勝負の分かれ目です。授業を聞いても聞かなくても、内容さえ覚えればいい成績は取れるのです。

そんなある日、大学から電話がかかってきたんです。1年生の時の成績がいいから、特待生に推薦したという内容でした。最初にその話を聞いたとき、「これはいたずら電話じゃないか。友達が俺をハメているんじゃないか」と思ったのです。高校ではビリ、大学の授業にもほとんど出ない僕に電話がかかってきて、いきなり100万円以上貰えるなんて言う話を聞かされても信じる方が難しかったです。

しかし大学の言うことは本当でした。

特待生になった日、僕は自分のみじめな高校時代を思い返して感慨を深くしたのです。やはり勉強はやり方なんだ。頭が悪い僕でも、ここまでできるんだ。授業にそこまで意味はない。あくまでも第一段階にしか過ぎず、あとの第二段階、第三段階の方が重要であり、ひとりでできるようにすることが全て。「学習の三段階」をみんなにも知ってほしい。

こうして僕は学習塾を作る道へと舵を切ったのです。

予備校に行っている人は読まないでください

4章

武田、2ちゃんねるに降臨！

理解の天才でも「やり方」を忘れる

さて、ここまで僕は「勉強には三段階ある」「多くの人が『理解』の段階で止めていることが多く、『再構築』と『記憶』ができないから、『やりっぱなし』になって伸びない」ということを語ってきました。

では、その「学習の三段階」をどう駆使していけば実際の成績が伸びるのか。この話を詳しく説明するため、新しい登場人物に出てきてもらいましょう。

第1章で登場した市川くんに続く2人目の人物の名前は中森くん。一浪時代に予備校で出会った男です。

僕は今、武田塾を通して教育の仕事をしていますが、その芯になるものをつかんだのは、市川くんとの再会はもちろん、中森くんとの出会いも大きかった。この2人の友人の、それぞれの勉強スタイルを知り、頭脳のタイプを知り、両者を比較することで、僕は「学習の三段階」の全体像をがっちりとつかむことができたのです。この経験がなければ受験生たちに真実の勉強方法を伝えることもできなかったし、まして、20歳という年齢で起業することなど考えられなかった。ある意味、彼らは僕が進むべき道を、サーチライトでまっすぐ照らしてくれたのではないかとすら感じるのです。

今振りかえると、中森くんとの出会いはまさに運命的でした。

しかし当時18歳の僕は、ただのパッとしない浪人生で、事の重大さにはまったく気がついていませんでした。季節は秋の初め。そろそろ2度目の受験に向けて、ラストスパートに気合いを入れなければならない時期なのですが、僕は相変わらずぶらぶらと時間を過ごしていました。心中焦りながら、「俺は絶対、なにかできる男だ」などと裏付けのない自信を持ちつつ、市川くんと一緒になって遊んでいたんです。

その頃、たまたま予備校の教室で知り合った中森くんも一浪なのにたいして勉強せず、ゲームセンターに入り浸るようなタイプで、自然と意気投合しました。とはいえ10月の声を聞くと、いくらのんびりの我々であっても、焦りの色が濃くなります。このままでは絶対に二浪になってしまう。それだけは排除したい。ところが浪人の半年間、すっかり遊んでしまったので勉強癖が抜け、1人で机に向かうのが苦痛でしかたありません。

「じゃあ一緒に勉強しようか」

と、どちらともなく言い出して、中森くんと僕は2人でファミレスやカフェで参考書を開くようになったんです。

彼は特に進学校出身ではなかったのですが、僕らは結構、似たようなペースで勉強を進めていました。1時間、参考書を勉強したら、お互いにテストをし、内容が分かっているかを確かめます。その時、僕は内心、こんな風に思っていました。

「こいつ、進学校出身じゃないのに、なぜ僕のペースについてこれるんだろう」

しかし、この認識は甘かった。なんと合同勉強を始めて4日目くらいに、彼は参考書2冊分くらいをまるまる覚えてきて、僕は圧倒的な差をつけられたのです。とくに歴史の暗記ぶりはおそろしいほど正確です。

「年号とかを覚えるのは簡単だ」

と平気でうそぶくので、歴史参考書を見ながらテストをしてみると、まさにその通りでした。彼は歴史を全体の流れで覚えるというより、「何年に何があった」という年表をそのまま縦に覚えている。こいつの頭、おかしいんじゃないか。あるいは天才なんじゃないか。僕は心底驚いて、よくよく話を聞いてみると、彼は子どもの頃から暗記テストやパズルはすごく得意だったのだといいます。

そこで僕は自分の家に中森くんを連れていき、世界史の参考書を集中して勉強してもらいました。すると1章分の量を1時間で覚えてしまう。

こ、これは。

僕は手に汗握りました。歴史参考書は60章あるから、60時間あれば覚えられる。復習の時間を入れても、100時間から150時間あれば終わるから、この調子で他の教科をやっつけても受験に間に合うんじゃないか。

当時、中森くんの志望は私立文系でしたが、僕はにわかに熱くなって、

「東大、間に合うんじゃないか？　よし、東大に行こうよ」

とけしかけたのです。中森くんをいかに東大にぶちこむか。高校時代から培った「人のために力になろう」根性に火がつくのを感じました。僕は自分のためだけには勉強する気にならないのですが、誰かのためならやれるんです。

それからというもの、僕は彼の勉強の様子をじっくり観察するようになりました。まず参考書を読み解くスピードは尋常ではなく、授業を受ければ内容への理解も記憶力も抜群。そもそも年表の年号を縦に眺めて、数分で暗記できること自体、人並みじゃありません。後日、

ＩＱテストを受けてもらったことがあるのですが、これもかなりの高得点で、本当に羨ましいことですが、もともと優秀な頭脳を持っているのでしょう。どんな分野の参考書でも、

「ここの解説がちょっと分からないんだけど」

と聞いたら、すぐに分かりやすく説明してくれる。彼の中では「説明できない問題」はほとんどないのです。

ところが彼の成績を見ると、偏差値は僕と同じ50くらいしかない。元来、理解力がある上、考えを組み立てる力や応用力もあり、記憶力抜群の男です。なんでこんなことが起きるのか。その原因は、自分でえんぴつを握って、目の前の問題を解けるかどうか——ここに尽きるのです。

中森くんは理解力が人並み外れて優れてますから、問題の解答と解説を読めば、

「ああ、こういう意味だったんだ」

ということが瞬時に分かります。しかし、どんな天才だって生まれながらにして東大の問題を解ける人はいません。では、なぜ東大に合格した受験生たちは解けたのか。それは過去に類題の勉強などで似たような問題を解いたことがあり、その時の知識を覚えているからです。東大レベルともなると、さすがに初対面の問題を、その場ですぐに解くことはまず無理

でしょう。

中森くんというのは、問題の解答と解説を読んで、すっかり理解します。しかし、まったく復習しません。さらにびっくりするくらい勉強時間が短いのです。浪人時代も予備校の授業をさぼり、ゲームセンターやパチンコ屋にいる時間の方が長い男でした。参考書やテキストに手をつけても、最後まできちんとやりとげたら立派なもので、中途半端に終わらせるものもたくさんあります。この辺りは僕とよく似ています。

したがって他の受験生と比べて、必要な知識の絶対量が少ないんですね。ムダなことはたくさん知っているのに、志望校に見合った受験勉強はほとんどしないから、点数になる知識がない。しかし、参考書をちゃんとやれば誰よりも早く「理解」し、「再構築」する力もあり「記憶力」もいい。まさに3つ揃ったスーパー受験生だったのです。

ここで中森くんの頭の中を「学習の三段階」で示してみましょう。

●本当のポテンシャル

「理解」　↓◎

「再構築」　↓◎

「記憶」　↓◎

●惰性に流された現在の頭脳

「理解」　↓◎

「再構築」　↓×

「記憶」　↓×

つまり中森くんは、東大に余裕で受かるはずの頭脳を持っているのです。理解は超特急でなんでもすぐに分かる。しかし、そこに安住して、すべての授業は受けっぱなしで復習しない。あっという間に「理解」したとしても、「再構築」「記憶」という努力を怠っていたから、実際にえんぴつを握って問題を解く段階になると、とたんに力が発揮できなくなるのです。従って偏差値はいつまでも50のままです。

彼はすばらしい才能を惰性で潰していたから、18歳という年齢に至っても、自分がここまでよい頭脳を持っていることに気がつかなかったし、まわりの人間も気づいていませんでした。確かにテストを受けると偏差値50ですから、結果だけを見ると平凡に映るでしょう。でも、僕は彼の天才ぶりを見ながら、「こんなにスゴイのに。先生でも誰でも、ちょっと目を開けて気づいてやってくれよ」と、今でも思います。もしかしたら身近にこういう生徒がいるんじゃないか。すばらしい宝を持ち腐れにしている子がいるんじゃないか。先生方や親御さんはぜひ、そこに留意して生徒たちの能力を見てやって欲しいと思うのです。

僕は中森くんとの運命的な出会いを通して、

「そうか。いくら天才的に頭がよくても、勉強方法を間違えると伸びないのか」

と改めて納得しました。「学習の三段階」は、どんな人にとっても有効なのです。

その後、僕らは秋から翌年の1月まで、こつこつと「理解」「再構築」「記憶」を繰り返す勉強を続けました。そして試験の結果、中森くんは立教に合格したのです。正しい勉強方法を実践して、わずか3カ月くらいでここまで持ってこられた。確かにそれまでの蓄積と優秀な頭脳が助けてくれたとは思いますが、やはり「学習の三段階」の勝利だと僕は確信しています。

しかし、残念ながら東大はダメでした。さすがに3カ月の勉強では自信がなかったらしく、彼は少しでも入りやすい文科三類に逃げてしまったんです。しかしこの年、文科一類にロースクールができた関係で、文三の足切りが異常なほど高かった。ここで惜しいことに中森くんも切られてしまったんですね。そこで彼は一応、立教に進学し、また翌年に東大の受験を目指す――という決断をしました。

「理解」は宝物のように大切に

彼との熱い3カ月のおかげで僕もつられて成績が伸び、なんとか学習院大学に合格しました。これで2人とも、一応進路が決まった。そんな時期に市川くんも交えて、3人でパスタを食べたんです。その時、市川くんはほぼ2浪が確定していました。

彼は僕に一冊を完璧にする重要性を教えてくれた人ですから、もちろん真剣に取り組めばできる男です。しかし、やはり彼も予備校神話から脱却しきれなかったこと、大量の講座に押しつぶされてしまったことなどで、どうしても予備校のカリキュラムでは逆転できずにいました。予備校で逆転できないのは今考えてみれば当然なのですが、その当時はまだそれは分からなかったのです。しかも、彼は元から頭のいいタイプではありません。志望校までの距離はかなり遠く、途方に暮れた彼はやる気を失っていました。

そもそも市川くんの勉強スタイルというのは、中森くんとはいわば真逆のタイプです。彼のこれまでの受験歴は2章の最後に詳しく書きましたが、それを「理解」「再構築」「記憶」の三段階で解説すると、こんな具合です。

市川くんは中森くんのように天才的頭脳は持っていません。したがって「理解」に時間がかかる。学校の授業を聞いていても、分からないことがたくさん出てきます。クラスのみんながパッと理解できる内容ですら、1人だけ分からないという事も多々あったそうです。

しかし、彼は勉強のやり方というものを知っていました。

たとえば数学の授業で新しい問題を習います。クラスメイトのほとんどが授業内容を理解しているのに、市川くんは「え、どういうこと？　分からないよ」と右往左往しています。分からないまま授業は進み、チャイムが鳴って数学の時間は終わりです。しかし、このまま授業を終えてしまうと、市川くんはクラスメイトと差がついてしまう。そこで彼は1人で独自に勉強を続けたのです。

そのやり方はいたって素朴です。休み時間のうちに、

「さっきの数学の授業の、ここの部分って、どういう意味だったの？」

と、クラスメイトに尋ねるのです。40人という大人数授業では分からなかったことも、個

別に、できないところをピンポイントで聞いていけば、市川くんはちゃんと「理解」ができるのです。

「あ、さっきの授業の内容はそういう意味だったんだ」

と納得できれば、さきほどの授業でついた差はまったくなくなる。授業中であろうと、放課後であろうと、同じ問題を同じく「理解」すれば、多少かかった時間は違っても、結果は同じです。

さらに市川くんのすごい所は、「再構築」と「記憶」という分野でも手抜かりがなかったということです。一度習って、分かった問題は、すべてもう一度、解きなおします。それでも間違うことがあるから、その問題には×をつけ、あとでもう一度挑戦し、完全に解答できるようになるまで、何度でも解き続けるのです。まさに「一冊を完璧に」の論理です。

確かに他のクラスメイトは、1回の集団授業で内容を「理解」するのですから、元来の頭脳は市川くんより優秀かもしれません。しかし市川くんは「学習の三段階」を実践し、テスト勉強の際にはテスト範囲の問題をすべて解けるようにしていました。

その結果、彼は定期テストの順位で常にひと桁を出し、高校では選抜クラスに選ばれていたのです。

僕は市川くんから、市川流テストの乗り切り方のエピソードを聞いて、かなり感動したことがあります。

1「この問題が分からない」としても、誰かに聞いてしまえば、分かっている人と同じ「理解」レベルになれる（頭のよし悪しは関係ない）。

2「やった、この問題は分かった！」という「理解」段階で勉強を終わらせない。

3「この問題は分かった」としても、あとで問題を解き直して（「再構築」）、内容を完璧に身につける（「記憶」）こと。

でも現実には、「理解」段階で勉強を終わらせる人が多いですし、「理解」内容を復習して完璧に身につけている人はほとんどいない。「自分は頭が悪いから、どうせダメなんだ」と思っている人たちは、市川くんのように「これは分からない」という部分を毎回、徹底して誰かに聞いているでしょうか？　そして理解した問題をちゃんと復習して、すべて再度、解答できるようにしているでしょうか。おそらく、かなりの手抜きがあるのではないかと想像します。

僕は市川くんから聞いた、この名言がいつでも心の中に光っているんです。

「理解した問題は宝物のように、大事にしなければならない」

努力の結果、やっと手にした「理解」という宝物を粗末にしたら、僕らの脳みそに申し訳が立ちません。宝物は何度も何度も解き直し、磨きをかけ、二度と忘れないようにしなければいけない。すべての問題を大切にして、一冊でも完璧なテキストや教科書があれば、その分野に関してはスペシャリストになれます。また、そうすることで成績は間違いなく上がるのです。

受験生のみんなは、学校や予備校の授業でたくさん「理解」という宝物を手にしてきたはずです。でも、ほとんど粗末に扱って、宝は割れたり、壊れたり、消えたりしてしまった。本当にもったいないことです。その最たる例は中森くんです。彼はやれば何でも分かるのに、頭に留める努力をしなかったから、結果的に偏差値は上がらなかった。つまり、この宝物はもともと自分が持っている頭脳がいいか、悪いかに関わらず、努力をすれば必ず手に入るものなのです。

3DK作戦で世界を変える！

ここで市川くんの頭の中を「学習の三段階」で示してみます。

「理解」　→×
「再構築」→◎
「記憶」　→◎

理解は苦手だが、努力の仕方を知っているということです。
僕はこの◎と×の並び方を見ていて、天才だけど怠け者の中森くんのことを考えました。
彼の、惰性に流されてしまった頭脳というのは、こんな具合でした。

「理解」　→◎

「再構築」　↓×
「記憶」　↓×

僕は3人でパスタを食べながら、この◎と×の組み合わせを思い浮かべました。その瞬間、僕の中には強烈なひらめきが沸き上がったのです。

この2人を組み合わせたら、×に◎がぴたりと重なって、オール◎の最強タッグになるのではないか！

そこで僕はひとつの提案をしました。

「市川くんはもともと『理解』する力が強い方じゃないから、予備校でたくさん授業を受けても、分からないことが多かったりするよね。すぐ友達に聞いて『理解』して、人と差がつかないようにしているけど、さすがに授業数が多すぎると、なかなかついていけなかったりするよね。

でも中森くんはもともと頭がいいから、解答解説を見て、分からない問題なんかないほど理解力が高いよね。でもまったく復習しないから、偏差値が高くない。

それなら、中森くんが先に参考書を『理解』し、その内容をすべて市川くんに個別に教える。そうすると市川くんはしっかり『理解』できるよね。その上、中森くんは『理解』したことをもう一度、人に教えるのだから『再構築』と『記憶』が強化される。もっとも、このままでは『記憶』の確認ができないので、分かった内容を完全に覚えているかどうか、僕が2人にテストする。

な、すごい方法だろ！」

さらに僕はあえて予備校ではなく、参考書を使った「自習」のすばらしさを強調しました。

「たとえば予備校の数学の授業は90分で3題しか解説しない。しかも講師が黒板に長々と書いた問題と解説を自分のノートに書き写すのは、二度手間じゃない？　参考書を使えば、最初から問題と解説がページに印刷してあるんだから、いちいち自分のノートに丸写しする必要はないよね。コレで相当、時間の節約ができるよ。

それで数学の1問を解答解説を参照しながら『理解』するまで、何分くらいかかるか、考えたことある？　だいたい予備校の講師に質問しにいったら、1問5分もかからず説明してくれるはず。だから中森くんが市川くんに、ひとつひとつ問題を教えれば、90分で20題近くはこなせるんじゃないか？

しかも週1度ペースの予備校の授業と違って、自習なら毎日、好きなだけどんどん先にいける。予備校の何倍ものペースで『理解』を進めることができるんだよね。そして『理解』し終わった問題から、僕がランダムにテストしてあげるよ。そうしたら本当に『再構築』と『記憶』が維持できているか分かるし、管理ができるだろ。この方法を続ければ、ものすごい勢いで参考書が次々と身につき、成績は劇的に上がるんじゃないか！

これを完璧にやるには、僕らは3人で一緒に暮らそう！　それが一番だ！」

この提案をした瞬間、僕の頭の中には強烈な想いが沸き上がっていました。

——これだ！　これが最強の勉強方法だ！

僕は長い間、予備校に通い続け、もやもやしたものをずっと心の中に感じていました。どこかにもっと効率的で、ムダがなく、平凡な頭脳の人でも達成できる、よい勉強方法はないだろうか。各人の目的に合わせて、体系的で、誰もが実践できる勉強方法はないか。それを見つけることはできないだろうか。

ずっと薄暗い霧の中にいた僕に、突然、光が差して目の前がパッと開けたのです。そうなんだ。「学習の三段階」だ。「理解」「再構築」「記憶」だったんだ！

この本では冒頭からこれらの言葉を遣っていましたが、実際に思いついたのはこの瞬間でした。大きなひらめきがあって、この言葉がポンッと僕の中に飛び込んできたのです。そして、このひらめきが、その後の起業と塾の経営へと繋がっていったのです。

この時、僕の発案に納得してくれた2人は、4月から3人で3DK、つまりひとり1部屋ずつと小さなキッチンの間取りの部屋を借り、一緒に暮らし始めました。実はこの段階で、僕は塾の構想も練っていました。3DKのスペースがあれば教室も作れるし、ここに生徒も通ってこられるじゃないか。塾の母体ができるぞ。

この作戦は最強だ。世界を変えられる！

僕はすっかり夢中になって、「学習の三段階」理論の実践へと気持ちを集中していきました。

この「3DK作戦」の重要ポイントを整理してみましょう。

●予備校の問題点

（1）できる生徒はタダで通っている。受からなそうな生徒からお金を取る。

（2）カリキュラムはできる生徒に合わせ、基礎応用発展を同時に授業するから、逆転でき

ない。

（3）教えるだけで、身についたかどうかまでは管理してくれない。

この（1）〜（3）までが、予備校の大きな問題点でした。そして、この時、僕が発案した「3DK作戦」は予備校のダメな部分をすべて克服していたのです。

（1）への対応↓

予備校に通わないのでムダな授業料を搾取されたり、できる生徒の授業料まで負担する必要がない。

（2）への対応↓

カリキュラムは参考書で自由に組み立てるので、基礎↓応用↓発展と学びやすいようにできる。

・予備校のように1年間で1レベルではなく、参考書を使って自分のペースで進めるため、好きなだけ勉強スピードを加速できる（3章で解説したドラマと原作マンガのたとえ話を思い出してください)。
・参考書は分かりやすく書かれているので、個別に習ってしまえば黒板を書き取る必要もなく、解答解説を自分で作る必要もない。したがって早く勉強できる。

(3)への対応↓

・習った範囲がちゃんと身についているかどうか、僕がテストをするので、習いっぱなしにならない。
・テスト範囲は「忘却曲線」にのっとって決めるので、最小の復習回数に留められ、最も効率的な時間で「一冊が完璧」になる。

この作戦は他にもすごいところがたくさんありますが、簡単に書くと以上のように整理されるのです。

予備校は「理解」させてくれますが、そこまで。しかも「理解」の量はできる生徒向けの設計です。しかし僕がこれまで何度も強調しているように、本来は「理解」のあとが重要だということです。予備校よりも早く、効率的に「逆転」できる方法が、「参考書」と「個別指導」と「管理」で可能になります。

この「3DK作戦」は、今、僕らが開校している塾のシステムの基礎になっています。したがって方法論は実に正しかった。しかし現実は甘くありません。僕らはまだ未成年ですから、親たちがなかなか納得しないのです。

「お前たちは何か変な宗教にでもとらわれているんじゃないか」

と言うのです。確かに客観的に見れば、男3人が3DKに暮らし、「学習の三段階だ！」と言いながら、塾みたいなことをやっている。かなり怪しい連中かもしれません。

結局、2カ月ほどで3DK作戦は中断してしまいました。しかしここで得た経験はとても大きく、圧倒的だった。そして僕は塾の構想を諦めませんでした。

どんな形であれ、必ずこの方法は日本中の受験生を助けることになる。絶対に必要とされている、と。

政治経済マニアとの出会い

3DKの家を引き払った後、この勉強方法を広める拠点を失った僕は、次の方法を考えました。それは「家庭教師の派遣会社」を作るというものです。

なぜ塾にせず家庭教師にしたか。まずひとつには経費の問題です。塾を開校するには、どこかに場所を借りなければいけません。初期費用もかかるし、毎月の家賃負担もある。資金もなく、支援者もいない大学1年生の私には、とてもではありませんが、いきなり塾を作るのはハードルが高すぎたのです。

ではなぜ家庭教師の派遣会社ならできると思ったのか。それは家庭教師派遣なら、お客さんが会社に来ることはないと思ったからです。普通、家庭教師を依頼すれば担当者が直接、自宅まで来てくれます。顧客が会社にわざわざ出向くことはない。ということは会社は僕の実家でもかまわないということです。そうすればお金もかからないし、勉強方法は伝えられるし、いいことずくめです。

とはいえ一介の大学生には「家庭教師の派遣会社」の作り方など、まったく分かりません。どうしたらいいだろうか。途方に暮れていた時、運命的な出会いが僕を待っていたのです。

その頃、たまたま英語のクラスで一緒になった細田くんという人がいます。「林」と「細田」で同じハ行だから席が近くにあり、なんとなく仲良くなった僕らは学校が始まって3回目くらいの英語の授業の帰りに2人でマックに立ち寄り、いろいろと世間話をしていました。

その席で僕は何を思ったのか、つい力説してしまったのです。

「今の教育は間違っている！　俺は絶対に教育を変える！　そのために会社を作りたい！」

すると細田くんは、

「会社なら作れるよ」

と、ワケの分からないことを言いだしたのです。

――なんでこいつ「会社なら作れる」とか言っているんだ？　大学1年生でしょ、君は？　と僕は心の中で思いました。大学1年生で会社の作り方を知っているヤツなんかいるのかと信じられない気持ちだったのです。しかし、詳しく話を聞いてみると、細田くんは生半可なヤツではない、ということが明らかになってきました。

彼は早稲田大学こそ失敗しましたが、現役で学習院大学に合格しています。しかもその合格の仕方がすごい。模試では英語の成績が全国で下から一桁。最も配点の高い英語が全然できないのです。しかし政治経済の成績は全国で上から一桁。つまり配点の高い英語の穴を、配点の低い政治経済で埋めて、学習院大学に受かったのです。細田くんは全国でも屈指の政治経済マニアということが判明し、どうやらそんな男の手にかかれば会社設立のための「登記」などは、ほんの常識。専門書を一冊買って、ちゃちゃっと読めばすぐにできるというのです。

なんという運命の出会いだろう！　クラスメイトに会社の作り方が分かる人がいるなんて！

僕は心底嬉しくなり、以来、大学内では常に2人で行動し、クラスの女子に関係を怪しまれながらも起業準備を着々と進めました。

そして作戦通り、大学1年生の2004年12月、お金がかからないよう僕の実家の住所で会社を登記し、「株式会社 A.ver」と命名しました。社名の由来は「学習の三段階」を英語で書き、その頭文字を取ったものです。社長の僕は20歳の大学1年生。副社長になってくれた細田くんは19歳で、やはり大学1年生。若い船出でした。

さて、僕は意気揚々と家庭教師事業を始めたつもりでしたが、すぐに仕事が軌道にのるはずもありません。東大生でもない大学1年生が、

「予備校では受かりません」

「勉強には三段階あって、みんなやりっぱなしにしているんです」

なんて言っても、なんの説得力もありません。ビラを配るなどしても、全然生徒は集まりません。しかも僕自身、ただの大学生がいきなり社長になってしまったので、社長は何をすればいいのか分からないし、うまくいかないからみんなにも給料が払えない。申し訳なさでいっぱいになりました。

結局、1年目は数名の生徒しか集まらず、とにかく苦労の連続です。でも集まってくれた生徒には親身に勉強のやり方を教え、全員の成績を劇的に上げたつもりです。

たとえば普通科高校進学は不可能といわれ、学年ぶっちぎりの成績最下位だった中学3年生を3カ月で普通科高校へ入学させたり、留年の危機に瀕していた女子高生を無事に卒業させました。また、ある男子高校生を偏差値40の段階から、残り4カ月で医学部に合格させてくれと頼まれ、短期間で偏差値を60に上げたこともあります。

この頃は、実にいろいろな「できない生徒」に出会いました。しかし、そんな生徒でも勉強のやり方を伝え、家庭学習の管理をすれば、みんなどんどん伸びていくのです。どの生徒も勉強のやり方が分からないだけで、きっかけをつかめば、やる気がグッと出てきます。最終的にはこつこつと勉強を積み上げていける、まじめで可能性のある生徒たちばかりでした。

僕の指導方法はシンプルです。

「赤シートで隠して、言えなかったものに×をつけ、言えるようになるまで繰り返してやるんだよ」

「数学の問題は答えを見て終わりにするのでなく、答えを見てから、実際に1人でできるかどうかやってみる。そこがクリアできたら先へ進むんだよ」

などごく当たり前だけれど、意外と軽視されがちな部分を丁寧に教えました。

僕は家庭教師の派遣会社の代表取締役社長、学生ベンチャーの社長でしたが、実際は自分で仕事を受け、自分が教師として派遣されることが多く、とにかく最初の1年は大変でした。しかし夢中で家庭教師をやり続け、起業から1年が過ぎてみると、100万円程度のまとまったお金が貯まりました。

さて、このお金をどうしよう――。僕は悩みました。

今まで苦労をかけた仲間に分けてしまおうか。それともなにか大きな広告を出して勝負にでようか。

当時は大学2年生の終わりでしたから、残された時間はあまりありませんでした。大学3年生の夏休みまでにこの会社を続けるか、続けないかを判断し、就職活動をするかしないかを決めなければいけないからです。

いろいろ思案した結果、僕は高田馬場にオフィス代わりの部屋を借りることにしました。初期費用などを考えると、4カ月分の家賃しかありません。しかし、僕は決意しました。

「ここで勝負に出て、ダメなら就職しよう」

3DKの挫折から2年。僕は高田馬場で再度勝負に出たのです。

ヤバイ！　2ちゃんねるをすぐ見てくれ！

勝負するからにはスタッフをさらに集めようと考えた僕は、残りの資金で「学習院新聞」に求人広告を出しました。

「学生ベンチャーに参加しませんか？　幹部候補生募集！」

とキャッチコピーだけはやたらと威勢がいいのです。

すると、ここでも思わぬ運命の出会いが待っていました。池田くんという英米文学科の男子が、その求人広告で釣れたのです。

彼はバイトでバーテンダーをしたり、ホストの経験もあるという面白い人物です。外見はイケメンで、女の子にもてそうですが、案外勉強には苦労してきた経験がありました。僕と同じように予備校で四苦八苦し、最後は参考書を独学して一浪で学習院に入っていたのです。僕らはすっかり意気投合して、塾構想を練りました。

彼が入社してきたのが大学2年生の2005年10月頃。そしてしばらくすると、高田馬場のオフィスの壁に「マル秘営業作戦！」と書かれた紙が貼ってありました。

「これ、何？」

僕が池田くんに聞くと、

「2006年1月1日にマル秘営業作戦をやるから楽しみに！　はっはっは！」

と笑っています。池田くんは面白くていいやつだが、なに言ってるんだろう。アホなこと言っているな。そんなのうまくいくわけないだろう。僕は彼のご機嫌な顔を見ながら、ちょっと呆れていたのです。

しかしイケメン池田はすごかった。これが僕らの大きな転機になったのです。

2006年元旦の夜中、仙台の実家に帰っていた池田くんから連絡が入りました。

「ヤバイ、ヤバイ！　すぐに2ちゃんねるを見てくれ！　マル秘営業作戦がきた！　やばいことになってる！」

なにやら慌てた口調です。「マル秘がきてる」だの「2ちゃんねる」だの、僕にはいったいなんのことだか、まったく意味が分かりません。しかし、とにかく慌てて2ちゃんねるを見たら……。

確かにヤバイことになっていました。いきなり聞いたことのない名前＝武田くんが突然、2ちゃんねるに降臨していたのです。

そこには以下のようなやり取りがありました。

：武田です。まだ早稲田入試まで1カ月半あります。いまからでも受かる逆転の方法をお教えしましょう

とスレッドを立ち上げていました。

：武田、久しぶり

：あ、武田帰ってきたんか

など、みんなが悪乗りして書き込んでいます。

もちろん「武田」なんていう人物は見たことも会ったこともありません。これは池田くんが

独自に考えたキャラクターで、後日「なんで武田なんだ⁉」と聞いたところ、

「イケダとタケダが似ているから」

とのこと。池田くんのように感性で動く人間は、僕には理解不能な側面を持っています。

その「武田」は突然、2ちゃんねる上で受験相談を始めました。

：スラムダンクでドリブルもできなかった花道が逆転したように、ドリブルができないヤツが試合に出てもしょうがないじゃないか。まずはドリブルなんだ。だから英単語やれ
「学習の三段階」で指導している考え方を、面白おかしく、かつ分かりやすく書き込んでいるんです。そのしゃべりっぷりが受験生の琴線に触れたのでしょうか。雪崩のように書き込みが増殖していました。さすがに2ちゃんねるらしく、中には「コーヒーを飲んだら脳が興奮してしまうので、現代文の偏差値が下がります」とか「チョコレート7枚が効く」とか、ワケの分からない書き込みもありましたが、その合間にマジメな受験相談が来る。こういった書き込みが10日も20日も途切れることなく続き、この勢いはいつまで続くのか、僕らは唖然として2ちゃんねるを見続けていました。

この激しい反応はなんなんだ。

その頃はちょうど大学のテスト期間で忙しかったのですが、真剣な受験の悩みも書き込ま

れるので、「武田」としては無視できません。僕と池田くんの2人で一生懸命に返事を書き込んでいました。

そのうち池田くんは突然「武田の受験相談所」というブログを立ち上げました。

：武田です。まとめのブログを作ったので、みなさんこちらへどうぞ

と2ちゃんねるに集まった人たちをブログへ誘導しました。

これを機に「武田」ブログが走り出し、毎日毎日ランキングが上昇していきます。メールでの受験相談が続々と寄せられ、僕らは再びパソコンの前に座って、頭が真っ白になるくらい返事を書き続けました。そうこうするうちに1日に5000ものアクセスを叩きだし、当時、受験関係でトップだった灘高校の先生のブログをも凌駕するようになってしまった。本当に予想外の展開だったのです。

僕と池田くんは額を突き合わせながら、この注目度はハンパじゃない。なにかしなくちゃいけない——など、慌てて相談しました。

そんな僕らの弱腰を感じたのかどうか、1月中旬のある日、ブログを見たらとんでもない書き込みがありました。

：緊急告知・重大告知

とタイトル部分に銘打っています。

いったいどんな重大告知なのかと読み進め、本当にびっくりしました。

：武田です。皆さんの声に応えて塾を作ります。やらせてください！

池田くんは僕にひとことの予告もなく、さっさと武田塾スタートを公表していたのでした。

僕としては寝耳に水で、

「えっ、おい、どうするんだよ」

とパソコンの前で茫然としました。

いよいよ本格的に塾の開校か!?

予備校に行っている人は読まないでください

5章

夢を見るより、英単語でしょ

僕はほとんど運命のようなものを感じながら、とにかく頭と体は先へ先へと進んでいきました。まず街へ出て、どこかに塾ができるような物件を探さなければなりません。あちこち見て回るうちに、ＪＲ御茶ノ水駅の近くに条件のいい物件を見つけました。初めて物件を見たとき、何か運命に似たものを感じました。

僕は迷うことなく契約を結び、机や椅子などの設備を入れ、すぐに塾を始めました。はっきりした先の見通しがあったわけではありません。しかし、恐らく生徒が来てくれるだろう。僕は勝負にでたのです。

そして事実、生徒はやってきました。

まず最初はブログ上で相談にのっていました。たとえば「慶應の文学部はE判定だけど、逆転合格したい」などという内容です。そのうち「直接、相談に来たい」という生徒がたくさん現れ、次々と塾に入ってくれたのです。僕は塾の中の一室に寝泊まりして、ひたすら生徒指導に没頭していきました。

武田塾に来てくれた生徒たちは、これまで散々、予備校に通って、しかし成績はちっとも伸びなかったという例が多いのです。だから僕はまず予備校神話から脱却させるべく、話をしていきました。

ここまで本書を読んでくださった方にはおなじみの理論です。

「テレビで連続ドラマを見るより、原作マンガを読んだほうが早いよね」

「高校で英文法習ったはずなのに、なぜ偏差値が50なのか分かる？　みのもんたの話を聞いていると、健康になれる気がするよね。でも実際は変わらない。あれと同じなんだよ」

そして受験生なら誰でも一度は目にしたことのある超定番の参考書を取り出して、そこから10問くらい出題してみます。すると、ほとんどの子は2、3問しかできない。

「ほらね。今までのやり方では身につかない。勉強には『学習の三段階』というのがあって……」

こういう風に筋道だって説明していくと、どの生徒もすぐに納得してくれます。

武田塾では予備校のように教えっぱなしにはしません。できるようになるところまで「理解」させ、さらに「再構築」と「記憶」まで管理するのです。本人の学力と志望にあったカリキュラムを作り、参考書で個別に教えますから、勉強のペースはいくらでもスピードアップできます。もちろん勉強のやり方、覚え方から指導し、ちゃんと身についているか、こまめにテストをする。自宅でのひとり勉強も完全に指定して管理します。すなわち予備校の問題点をすべて改善した「独学」させる塾を作ったのです。

最終的に初年度の第一期生はわずか14人でした。しかし、この中から早稲田、慶應、MARCH、医学部などの合格者を出すことができたのは大きな成果だと思います。

やはり読者の方々は、どのように成績を上げたのかという具体例に興味をお持ちだと思いますから、5人のケースを簡単に上げてみましょう。

CASE1 渡辺智也くん 慶應義塾大学文学部に合格

「慶應大学文学部に受かりたいんです。でもE判定で、どうしたらいいか分からないんです」という相談メールを受けたので、返事をしました。その内容は「まずは単語熟語文法から」というごくごく当たり前のもの。でもその返信に「これだ！」と思ってくれた渡辺くんは直接相談に訪れ、武田塾に入塾。英語の単語、熟語、文法を基礎から教えて1年後、みごとに慶應大学文学部に合格しました。E判定からでも成績を伸ばせたのは、参考書を使い、他の受験生よりも早いペースで進めたから。彼は現在、武田塾で講師をし、E判定から逆転合格した経験をいかし、動画で武田塾の勉強法の紹介をするブログを企画。全国の受験生の力になってくれています。

CASE2　浜田高志くん　日本大学医学部医学科に合格

浜田くんは進学校出身ですが、母校でもやはり勉強のやり方を間違えて偏差値が伸びず、大手予備校の医系コースに2年間通ったものの、受験には失敗しました。そこから武田塾で手厚く管理し、やりっぱなしをさせない個別指導をしたら、ものすごいペースで参考書を終わらせてくるようになりました。誰かが親身になってみてあげれば伸びるという生徒はたくさんいて、浜田くんはその典型的な存在だったと思います。彼は今、武田塾で講師をしながら、医学部志望の生徒に対してアドバイスをしてくれています。

CASE3　野瀬健くん　早稲田大学社会科学部に合格

浪人生のくせに、9月までサッカーのコーチをしたり、イタリアに行っていたりと、なんの勉強もしていなかった野瀬くんは、友達の紹介で武田塾へやってきました。来塾当初は文系か理系かも決まっておらず、「この子はホントに受験する気があるのか?」と思ったほど。しかも志望校が早稲田大学ですから、まったく大胆な生徒です。そこで僕は、リスクはあるもののの半年間で早稲田と勝負するにはこのルートしかない、という究極のカリキュラムを立て、参考書による加速で、なんと早稲田大学社会科学部などに合格。現在では武田塾の講師と研修などを担当してくれています。

CASE4　Aくん　武田塾を卒業後、早稲田大学法学部に合格

武田塾に管理されるために入塾したというAくんは勉強のやり方を伝えると、すぐにそのコツをつかみました。ものすごい勢いで参考書を終わらせ、正解率もどんどん上げてくる。「これは受かるな」と思っていた頃、彼が武田塾に持ってきた模試の結果が、なんと全国3位だったのです。その後も勉強は非常に順調で、本人から「もうひとりでやれそうです。お金がもったいないから武田塾をやめたい」という希望が出てきました。私も賛成して「がんばれよ」と送りだしたところ、無事に難関の早稲田大学法学部に合格。武田塾で独学の方法をマスターした理想的な生徒です。ちなみに途中で卒業したので、武田塾の合格実績には入れていません。

CASE5　田崎仁くん　相談に来ただけで東京外国語大学に合格

進学校に在校しているわけでもなく、お金がないから予備校にも通えず、田崎くんは受験

費用を貯めるためにラーメン屋でバイトをしながら1人で勉強していました。武田塾のブログを参考に独学でがんばり、僕のところへ進学相談に来たのは1回だけ。あとは文字通りの自学自習ながら、見事に東京外国語大学、青山学院大学などに現役合格しました。「学習の三段階」理論をしっかり理解し、勉強のやり方さえ正しければ、独学でも、進学校に通っていなくても合格できるという理想のケースです。現在、彼は独学で勉強している生徒を助けるためにブログなどを通じて活動したり、武田塾で英語の講師をしてくれています。

5つのケースを上げましたが、いかがでしたか?

授業をうけっぱなしにすることなく「理解」「再構築」「記憶」までしっかりやって勉強を積み上げていけば、予備校などに行かなくても、誰でも難関大学に合格可能です。いや、むしろ予備校に通ったほうが非効率的な授業とカリキュラムを受けることになり、逆に合格しにくくなると思います。

これらの生徒はみなE判定だったり、有名進学校ではない、ごく普通の高校に通っていたり、勉強のやり方が分からなかった人たちばかりです。第一、最初からできる生徒なら予備校が授業料無料で通わせてくれるので武田塾には来ませんし、相談にも来ないでしょう。予備校から授業料免除のクーポンをもらえない成績の生徒たちが武田塾でこれほど成果を上げているのですから、いかに予備校より効率的であるかが分かっていただけると思います。誰でも勉強のやり方が正しければ、きちんと成績が伸びるのです。

また、ここで紹介している生徒のほとんどが、現在は武田塾で講師になったり、受験生を助ける活動を続けていることにも注目していただきたいのです。

「受験生時代に成績が伸びず、途方に暮れていたとき、武田塾で明確な勉強方法を教えてもらい、本当に助かった」

と彼らは口々に言ってくれるのです。

「なぜ、こんな当たり前のことを誰も教えてくれなかったのだろう？　この真実の勉強方法を自分たちと同じように困っている受験生に伝えたい」

と素朴に、また強く感じてくれているようなのです。

そして現在、武田塾に通っている生徒も、またブログを読んでくれている読者の皆さんの中にも、

「この方法で合格して、後輩に伝えたい！」

という人がたくさんいます。私はこのことを非常に嬉しく思い、またこの活動を通して、

日本の教育はもとより世界の教育まで変えられるのではないかとすら考えています。

漢字テストで人生が変わる

僕たちは長い間、「一生懸命に授業を受けなさい」「しっかり復習しなさい」など、当たり前のことしか言われてきませんでした。しかし一生懸命に授業をうけ、一生懸命に復習をしても、やり方を間違えればなんの意味もありません。自分では精一杯に努力しているつもりなのに、伸び悩んでいる生徒がどれだけたくさんいるのか、教師達は気づいていないのだと思います。

もっとも重要なのは「勉強方法」であり、「身につけ方」です。同じ教材で同じ授業なら、身につけ方さえ正しければ、みな成績は一緒のはずです。成績がトップの人でも、習った一冊の範囲以上には身につけることができません。ならば「一冊を完璧に」すれば、成績の差は開かないはず。同じ教材、同じ授業で成績に違いがあるならば、その理由は「一冊を完璧に」しているかどうかの差だけです。

しかし問題なのは、「一冊を完璧」にする方法、つまり完璧に復習する方法を、誰も習ったことがないということです。授業を受けること（僕のいう「理解」）ばかり強調され、「再構築」「記憶」の重要性に関しては「復習をしっかりすること」「テスト勉強を頑張れ」くらいしか言われたことがありません。

ところが本当は「再構築」と「記憶」が成績を左右します。みんなで受ける授業が終われば、あとは1人で勉強する部分ですから、ここで人それぞれの方法に分かれ、成績が変わるのです。

ですから「再構築」と「記憶」の方法を教えないままに授業をしたって、意味がないと思います。「分かっただけで終わらせず、できるようになるまで解く」「覚えたか、覚えていないか確認し、できなかった知識には×をつけ、できるようになるまでやる」「定期的に復習し、完全忘却を防ぐ」など、「一冊を完璧に」する方法に関しては、誰からも、なにも言われなさ過ぎだと僕は思うのです。

ここで1つの例を出してみます。

あらかじめ出題される問題が分かっている「漢字テスト」があったとします。20個の漢字を指定され、一定の時間内で20個を覚え、テストをする。この漢字テストで満点が取れるか、取れないかでその生徒の人生は左右されると僕は考えています。なぜなら、ここで100点が取れない生徒は、なにかを「身につける」方法が備わっていないことが確実だからです。

20個の漢字すら正確に覚えられなければ、学校の定期テスト範囲の知識を覚えることはさらに難しくなります。もっと広範囲になる入試問題（英語なら2000個近い英単語や、1000個近い文法事項の知識が必要です）など、身につけられるわけがありません。

しかし生徒が覚え方を身につけているか、いないかに関係なく、淡々と授業は行われます。教師は「自分の仕事は教えることだ。身につけるかどうかは自己責任」と思っているのです。とりあえず教えるけれども、あとは自分で頑張れというわけです。

でも僕たちはただ授業を受けるためだけに学校や予備校に通っているのでしょうか。僕が受験生の時、なぜ200万円ものお金を支払い、4年間も予備校に通ったのか。僕はそんなに授業が好きだったのでしょうか？

答えはNOです。

僕が予備校に通い詰めたのは成績を上げるためです。予備校なら僕の成績をもっと上げて、上位の大学へ入学させてくれると信じていたからです。

でもそこは無情な自己責任、弱肉強食の世界で、できる生徒ばかりが優遇される逆転不可能なヒエラルキーができあがっていました。僕は成績を上げるために予備校へ通ったけれども、予備校側は成績を上げるために必要な「学習の三段階」の一段階目、つまり「理解」だけを提供したのです。そして最も大切で、みんなができていない部分、1人ひとりで方法が変わってしまう第二段階目「再構築」と第三段階目「記憶」については、まったく関与しませんでした。

そのため、僕はムダに「理解」しつづけ、その理解した知識をすぐに失い、また新しい範囲を「理解」する。まさに僕は20問の漢字テストで100点を取れない生徒だったのです。正しい覚え方、身につけ方を知らないのに、どんな知識を提示されても、それは頭の中を流れていくだけで、周りのよくできる生徒から差をつけられるだけです。

なぜ身につけ方を教えないのか?

なぜ「再構築」「記憶」ができるようにさせないのか?

なぜ教師は「教えるだけでなく、身につけるところまで見る」ことをしないのか?

「身につける」ところまで見るのが教師の仕事だと、なぜみんなは思っていないのか?

僕にはいろんな疑問が湧き上がってきました。ですから、本当に当たり前のことだけれど、僕は教えるだけでなく、ちゃんと復習できているか、ちゃんと覚えているかまで面倒を見る塾をつくったのです。分かりやすい参考書を選んで、分かりやすい順番で教え、無駄な黒板を取らせることなく、分からない部分だけ集中的に個別指導するスタイルを取っています。

「できるところから順番に」
「分かりやすい解答解説が充実している教材で」
「分からないところを中心に」
「日々の学習計画を伝える」
「学習方法、覚え方を分かりやすく伝える」
「ちゃんと覚えているかまで指導」

これらは武田塾の基本的な指導方法ですが、考えてみればめちゃめちゃ当たり前のことばかりで、僕はなぜこんな塾をあえて作らなきゃいけなかったんだと、不思議に思うくらいです。

日本の教育はモデルチェンジが必要だ

これまで僕自身の受験経験、予備校での挫折、そして「学習の三段階」が生まれ、塾を開くまでのいきさつを語ってきました。

「学習の三段階」を通して、自分自身の力でしっかり勉強していくことの意味が分かれば、ごく平凡な成績の生徒たちの勉強スタイルがいかに変わっていくか、また変えなければならないかを、分かっていただけたと思います。2ちゃんねるであれだけみんなに注目されたのも、やはり現場に生徒たちにとって必要な考え方だったからなんですね。

僕は自分の何年にもわたるムダな勉強の時間を振り返り、また今も塾でみている生徒の経験を眺めて、やはり日本に教育の問題点を感じざるを得ません。勉強のさせ方そのものを根本的に変えなければ、日本の教育水準は落ちていくばかりではないでしょうか。

たとえば今、高校の授業はまるで意味を忘れてしまった儀式のように、ただ形だけ行われているかのようです。先生は授業をしている「ふり」をする。そして生徒たちは聞いている「ふり」をしているだけです。

先生方は「できる子」だけでなく、「できない子」も含めたクラスの生徒全員に内容をしっかり「理解」（当然「学習の三段階」でいうところの「理解」という意味です）させようという熱意が薄く、生徒は「理解」の意味すらよく分かっていません。したがって「再構築」などは夢のまた夢です。生徒はただ黙っていれば先生に怒られないので、授業の内容が分かっていても、分かっていなくても人形みたいに座っているだけなのです。

でも、ちゃんと「学ぶ」という意味を考えた場合、このやり方ではダメなんじゃないか。壮大なムダではないのか。僕にはそう思えてならないのです。

高校の3年間というのは、いくら休日や夏休みなどがあっても、授業時間は相当数あります。一般的な高等学校の学習指導要綱では、高校3年間でたとえば国語なら18単位を履修しなければいけない。これは授業時間に換算すると525時間分に相当するんですね。さらに数学は18単位、英語は21単位。16歳から18歳までの大切な時期にこれだけの時間をただ授業という名前の儀式をするだけでいいのかどうか。僕のところにやってくる生徒たちを見ていても、結局、勉強とはなんなのか、徹底的に身につけるとはどういうことなのかを伝えてもらっていないし、身につけてもいないのです。

大げさな言い方かもしれませんが、「学習の三段階」をまったく理解していない生徒に対して、もっと真剣にアプローチしなければ、彼らの将来は本当に厳しいと思います。毎回、テストで100点を取り続けている生徒と、50点を取り続けている生徒では、小学校から高校までの12年間で知識の総量が何倍も違ってきてしまう。

できない生徒に、先生はきっとこう言うでしょう。

「ちゃんと授業を聞いていないからだ」

これで終わりにしてしまう。しかし本人にしてみると、案外、自分なりに聞いたつもりでいる場合も多いのです。しかしテストの結果はよくない。すると彼らは「自分は頭が悪い」と勝手に思いこんで、「理解」も「再構築」も「記憶」もおざなりにしてしまいます。できない問題に×をつけて、復習して身につけるという、非常に単純かつ確実な方法があるということにも、気がついていない可能性があります。

そして先生たちも効果的な勉強のやり方を教えない。そもそも先生方は学歴も高いですし、自分自身、言われなくても、ある程度「一冊を完璧」にしてきたから今の地位がある。したがって勉強のやり方が分からない生徒が、どんな混乱状態にあるのか気がつかないのでしょう。

その結果、今の高校生たちを見てください。英語でも、単語を満足に覚えられない生徒が大量に発生しています。英単語をなんとなく見て、なんとなく分かった気になり、しかし実際には「再構築」ができていない。したがって、真っ白な紙とえんぴつを渡して「この英単語を間違いなく書いてください」と出題してみると、おおぜいの生徒がスペルを間違える。

下手をすると、高校ですら予備校と似てきているのかもしれません。英単語も漢字テストも数学の問題も、なんとなく見て、なんとなく先へ進み、なんとなく終わる。見事に情報の垂れ流しです。その癖、校則や出席だけは、やたらと厳しいですね。一応、形だけはみんなは教室に座っているので、無事に卒業できるようなものです。

ここをなんとかしなければ、日本の教育のレベルがどんどん落ちていく。ぼくは本当に心配です。それこそ漢字テストを１００点にする方法を小学校低学年レベルからたたき込んで、それを習性のようにしてしまう必要があるのではないでしょうか。

これほどできない子が増えているのに、なぜ教育界は旧態依然のままなのだろうと、僕はいつも疑問に思っています。戦後60年も経っているのですから、そろそろ真剣に教育システムのモデルチェンジをするべきではないでしょうか。

教育のモデルチェンジというと、数年前に行われた「ゆとり教育」を思い出します。このままの詰めこみでは落ちこぼれがどんどん増えるから、なんとかしようという発想だったのかもしれません。しかし「学習の三段階」ができていなければ、教える量を調整したからといって、ほとんど意味はないでしょう。また基礎的な学力がなければ、「自分で考える力」も身につきようがないと僕は思います。

また最近では特色のある私立高校なども増え、教育方法も様々な切り口ができているようです。たとえば都内である民間会社を経営された経験のある方が、私立高校を運営するケースが出てきています。そこは「夢」をキーワードに大変ユニークな教育をされているところです。僕は民間出身の社長が学校経営をすること、その方の他分野にわたる活躍に対して尊敬する部分は多々あります。しかし、私には心配なことがあります。夢を持てばモチベーションが上がり、勉強がはかどるかもしれませんが、その生徒たちが漢字テストで満点をとれる生徒なのか。覚える方法を知らないままにがむしゃらに勉強をしていないかということなのです。僕は夢の叶え方からを伝えたい。夢を叶えるために、漢字の覚え方、英単語の覚え方から伝えたい。「合格したい！」と思っても、具体的にどうしていいか分からなければ途方に暮れてしまうからです。

僕が武田塾で生徒を教えるときは、必ず英単語からスタートします。それが終わったら、次は文法です。それもできたら、次は短い英文をひとつひとつ構文解釈します。こうやって丁寧にやっていくと、「あ、英語ってこういう構造になっているんだ」ということが、できない子にもようやく分かってくる。そこができる段階になって、初めて長文読解へ進むのです。こんなものは中学1、2年レベルだと思われるかもしれませんが、いわゆる「できない高校生」には絶対に必要な過程なのです。

ところが普通の先生方はみなさん自分自身、頭がいいので、こんなまどろっこしい教え方は思いつきもしません。したがって、いきなり長文をやらせます。量をこなしているうちに、単語や文法、構文が分かってきて、何となく読めるようになると言う。東大出の先生が受験勉強の本を書くから、そういう情報が巷にあふれて、実に困ったものです。

当然、できる人はそれでいいでしょう。しかし僕は古文でこの方法を試して、まったくダメだった。実際、僕のように地道に順序立てて勉強しなければできない生徒や偏差値40、50の生徒には無理な方法なのです。まずは英単語。それから文法→構文→長文へ進む。これが正論だと思うのですが、この方法を地道にやっているのは「武田塾」くらいではないでしょうか。

できない生徒は勉強のやり方をまったく知らないという前提で、先生方は教えていかなければだめなんです。

普通、授業を受けたら復習するのが当たり前だと先生は思っている。なぜなら自分はそれを当たり前のようにやっていたからです。ところが現実はそうじゃない。

先日、ある予備校の先生に会ったら、こんな出来事を話してくれました。

「授業のあと、生徒から『先生が黒板に書いたり話したことって、ノートにとるものなんですか』と聞かれたんだよ。衝撃だったな」

ノートも取らず、ただ授業を眺めているだけ。これでは「理解」すら完全にするのは難しいでしょう。しかも生徒本人には少しも悪気がなく、ただ単に知らないだけなのです。

また高校や予備校での集団授業にも問題があると思います。

大勢で勉強すると刺激になったり切磋琢磨できるからいい、という意見が根強くあります。しかし、これもある程度基礎ができた子ども向きの話なんです。いまの子たちは基本的にムダな努力はしたくないと考えているし、集団授業を聞いて、まじめに復習して身につけようというガツガツした頑張り方をしません。

ですから生徒には、できるだけ細かい指示が必要です。「参考書のこの部分を、こういうやり方でやってきなさい」と、トータルでコーディネートしてあげる。細かいスケジュールを示して、明確に伝えるのです。そうすれば迷うことはないし、確実に実力がつくのです。

よくサッカーを強くするためには、サッカーの競技人口を増やすことが大事だと言われます。ボトムアップしていけば、頂点も自然と上がる。これは勉強の分野でも同じです。僕のやっていることは「できない子」向けの教育です。でも、それによって「学習の三段階」を理解し、自習できる子がひとりでも増えていけば、確実にボトムアップに繋がります。日本の基礎学力が復活するとさえ思っています。

また「学習の三段階」のすごい所は、いったん方法を身につければ独学ができるようになるということです。達成したい目標があって、そのために必要な知識があるなら、「学習の三段階」論理できっちり頭にたたき込む。やり方が分かっているので、あとは時間を作って実行するだけ。まさに自動式勉強法です。

この方法を理解して、自ら実践できるようになれば、将来、社会人になっても大いに役立ちます。資格勉強でも業務の勉強でも、すべて同じ方法で着実に学べるからです。また普通、社員教育は非常にコストがかかるものですが、社員1人ひとりが独学できれば立派なコスト削減策になります。

本人にとっても社会にとっても、こんなにいい方法はないと思うのです。

予備校はもう卒業しよう

本書では、誰もが信じて疑わなかった予備校という教育システムについて終始、疑問を呈してきました。僕も予備校がこんなところとは思いませんでしたし、今でもこんなところが堂々と営業しているのが信じられないくらいです。そして読者の皆さんもまだ信じられないかもしれません。

しかし再度、理解していただくため、ここではそのまとめとして、予備校へ通う今どきの生徒たちの学習風景を箇条書きにしてみます。

❶ 予備校では楽しくテレビを見ているように、すべての授業をその場で受けっぱなしにし、なんとなく勉強した気になる。授業を受けただけで満足する。

❷その場で授業内容を100％「理解」している生徒はほとんどいない。授業のカリキュラム、難易度が合っているのは、もともと偏差値が高く、タダで通っている生徒のみ。

❸自宅で復習をしない。自分の手を動かして漢字や英単語を書いたり、問題を解かないから、「再構築」がまったくできない。

❹ある程度、時間をおいて計画的な復習をしないから「記憶」に留まらない。

❺基礎学力がどんどん落ち、偏差値も下がる。しかし自分が在籍しているコース名だけで受かる気になっている（医系コースに在籍していても、合格する生徒は数％だということに気づこう！）。

❻「どうせ自分はできないんだ」と諦めたり、「なんとかなる」と現実逃避する。

この①から⑥までのコースが、多くの予備校生たちが歩いている道順です。高校時代の僕がまさにその典型でした。

さらに予備校側の問題点もたくさんあります。

A 合格実績を水増しし、生徒を信じさせる。

B 大教室で大人数に教え、全員に理解してもらおうなどとは思っていない。

C 基礎講座、発展講座、応用講座を平行して取らせるので、基本から順番に知識を積み上げられない。全部が中途半端になる。さらに入試直前に全範囲が終わるため、演習期間がとりにくい。

D 授業はしてくれるが、身につくところまではみてくれない。

E 元からタダで通っている生徒にカリキュラムを合わせているので、できる生徒しか受から

ない。逆転できる環境ではない。

G　受かりそうな生徒は授業料を割り引き、過去のデータから合格の可能性の低い生徒から学費を全額取って穴を埋め、予備校を経営している。

真実の勉強方法「学習の三段階」を知らない生徒たちは、①から⑥まで続く坂道をひたすら転げ落ち、その恐怖心をAからGまでの特徴を持つ予備校というテーマパークで紛らわせている。現代の日本の教育はそんな図式で展開していると考えて、ほぼ間違いないと思います。資源といえば、人間の頭脳しかない日本で、この体たらくでは本当に将来が心配です。

ここで「学習の三段階」について、もう一度おさらいしておきましょう。

第一段階「理解」＝「分かる」

授業を受けたり、参考書を読み、しっかり分かることです。

理解する内容は、レベルにあっているものから順番に、参考書で学習すると早いです。予備校の授業は週1のペースで進むため、学習スピードが遅いのです（ドラマと原作マンガの話を思い出してください！）。

第二段階　「再構築」＝「できるかどうか、やってみる」

「理解」だけでは差はつきません。ひとりでできるかどうか、分かった問題を解きなおしましょう。また習った知識を記憶ペンなどで隠して言えるようにします。

できなかったものには×をつけ、「理解」し直し、全問正解になるまで繰り返しましょう。

第三段階　「記憶」＝「忘れないように復習する」

一度できるようにしても、絶対に忘れます。定期的に過去の問題を解き直し、間違えたものには×をつけ、再度できるようにして、全問正解状態を復活させましょう。

これを繰り返すことで「一冊を完璧に」することができ、成績が上がります。

多くの人たちが夢中になっている「授業を受ける」こと。そこには大きな意味はありません。子どもの成績を上げたいから、いい授業をしてくれる塾や予備校に通わせようと親御さんが思案しても、あまり意味はありません。いい授業を受けたところで、身につけ方が分からなければ、その内容は頭の中を通り過ぎていくだけです。

それでも親御さんのほとんどは「子どもの成績が良くないから、塾に通わせよう」と思われるのでしょう。しかし塾を経営している僕が言うのもなんですが、無駄に終わる可能性が高いです。

学校の授業を身につけられない子どもが、塾の授業だと身につけられるのでしょうか？子どもを通わせようとしている塾はちゃんと「理解」「再構築」「記憶」を指導してくれるでしょうか？

ほとんどの場合、そこまで親身にしてくれる塾はありません。「再構築」も「記憶」もできないから成績が悪いのに、その上、塾で授業を受けさせられて、何も身につかずに終わるのです。

成績の勝負は授業中ではありません。家です。ひとりで勉強している時です。その時に勉強方法を間違っていたら、その子の成績は下がってしまうでしょう。でもひとりで勉強する方法を明確に教える人はいません。とにかく「授業！　授業！」というのが世の中の流れです。しかし、誰より授業を受けてきた僕から言わせていただければ、授業で成績が上がるなら、僕は今頃、東大にいます。高校1年生からひたすら授業を受けてきたのですから。

「学習の三段階」を知り、きちんと身につけた生徒は、武田塾をやめても志望大学に合格しています。明らかに授業などより、塾などより、予備校より、勉強のやり方の方が重要ではないですか！

いい予備校に行けば受かる、いい塾に通えば受かる、いい授業を受ければ成績が上がると考えているみなさんは、ぜひ一度立ち止まっていただきたい。そう、僕と同じ失敗をみなさんには繰り返して欲しくないからです。

言ってくれなきゃ、分からないよ！

それにしても、なぜこのような「授業への信仰」が生まれたのか。その理由を考えたら、実はひと昔前の勉強風景が影響を与えているのかもしれません。

そもそも資源のない日本は、勤勉さと高い基礎学力によって高い技術力を生み出し、付加価値をつけました。その結果、経済大国としての現在の地位を築き上げたのです。つまり日本は高い教育水準によって、今があるということです。そして少し前の世代の人たちの授業態度は、今の生徒たちより間違いなくまじめだったと思いますし、「黒板をノートに写すんですか?」「これ覚えるんですか?」などという生徒はいなかったでしょう。多くの人がまじめに勉強し、誰に言われなくても復習をしたと思います。そういう時代が前提となって、現代の教育があるように思われてしかたありません。

しかし、今の子どもたちにはそんな気合いはありません。テレビやゲームは面白いし、携帯はある。なんでも揃っている便利な世の中です。そんな環境の中で、本気で気合いを入れて勉強する生徒は一握りですし、まじめに授業を受け、まじめに復習する生徒などほとんどいません。懇切丁寧に指導してやらなければ、分からない生徒がほとんどです。

でも、それは時代のせいです。子ども達に責任はないと思いますし、本人たちにも悪気はありません。一生懸命やっているつもりだったり、本当に合格したいと思っているのだけれど、やり方が分からない。先生方も、一昔前の子ども達のように勉強をしない生徒に手を焼いている。それが現代の教育の現場だと僕は思います。

数年前まで受験生だった僕が、現代の子どもを代表して現状を語るとすれば、それはこんな具合です。

「成績が悪いのは、別にさぼろうと思っているわけでもないし、親とか先生を困らせてやろうとか、そんな悪気があるわけじゃない。本当に受かりたいし、成績も上げたいんだけど、やり方が分からないから、どうしていいか分からない」

ゲームや携帯なら説明書なんか見なくたって、実際に自分でいじりながら使いこなし方を覚えていきます。しかし、勉強にまでそんな気合いはないのです。分からなければ、そこで諦めてしまうことが多いですし、その結果、集団授業のカリキュラムにはどんどんついていけなくなります。すると成績を上げるハードルはさらに高くなるのです。「よし、なんとかしよう」と気合いを入れて予備校や塾に通うものの、ここでも学校と同じように授業を受けるだけで、どうしたらいいか分からない。だからさっぱり成績は上がらないのです。

この本を読まれている先生や親御さんはびっくりするかもしれません。

「授業なんて、復習するのが当たり前じゃないか！」

「覚え方まで教えなければいけないのか？　そんなの自分が覚えるまで書けばいいじゃないか！」

そう思うことでしょう。

でも子どもたちの意見を代弁すれば、こうなります。

「覚え方なんて、教えてもらわなきゃ分からないよ」

「復習って教科書やテキストをパッと見るだけじゃだめなの？　本格的にやる必要があるな

ら、ちゃんと授業とかで教えてよ」

「復習の方法なんて言われなきゃ分からないよ！　ちゃんとそこまで言ってくれないと分かりません！　ていうか、第一、予備校に通っているのに成績が上がらないのが、まじ一番意味が分からない！」

こんな発言を聞いてドン引きする方もいらっしゃると思うのですが、放置しても子どもさんの成績、生徒さんの成績は上がらないので、どうぞご理解いただきたい。復習の方法まで、知識の覚え方まで、日々の宿題の範囲とそのやり方まで、手取り足取り指導しなければできない生徒が多いのです。

そもそも彼らは授業だけでは伸びないなんてことは、まったく知らなかったのです。予備校というのは、できる生徒がタダで通って、合格実績の大半も、そういうタダの生徒が稼ぎ出したものだとはつゆ知らず、来年になれば自分も合格者数の中に入っているだろうと無邪気に信じて予備校通いをしている生徒がほとんどなのです。

だからこそ、授業を受けっぱなしにして、参考書を解いただけでは成績が上がらないことを明確に伝える必要があります。そして、どうやったら成績が上がるのかを分かりやすく伝えることが絶対に必要です。

ですから現役受験生はもちろん、親御さんも教師の方々も、ぜひ「学習の三段階」を知り、広く伝えていただければと思うのです。

最後は塾もいらない

僕は、教えるのが大好きです。

中学、高校の時から、自分は教えるのが好きだと、ずっと思ってきました。それで高校時代、散々通い詰めた予備校の担任であるK先生に、

「僕は将来、塾の先生になって教えたいです」

と話したことがあります。するとK先生は、

「ちょっと待て。先生はそんなにいい職業なのか考えてごらん」

と言うのです。確かに就職ランキングで見たら、塾の先生はかなり下の方だし、公立学校の先生ですら大人気の職業というわけではありません。トップクラスの大学を出た人は官僚になるか、外資系コンサル、金融、商社などに入社します。そういう意味では教育分野を選ぶのはあまりトクじゃないかもしれない。

それで一時期、他の業界に入ろうかと迷ったこともあるんですが、市川くんと一緒に3DKに住んでみたり、家庭教師をしてみて、実感しました。苦労している生徒をなんとか志望校に受からせたい。自分の体を張って教えるのが、すごく楽しい。

大学時代は周囲の友達にいつもこう言われていました。

「いいね、林くんは。やりたいことが決まっていて、そこに向けて努力すればいいだけだから。僕らは決まっていないから、努力もできない」

そう言われてみて、

「そうか、僕は教えるのが好きで、僕のやりたいことは教育なんだ」

と改めて認識を深めた部分もあります。

そうして始めた「武田塾」ですが、御茶ノ水本校の他、先日、千葉県に市川校を開校できました。一般的に塾は大学受験の面倒を見るノウハウはないと思われていますが、決してそんなことはありません。「武田塾」の場合、生徒1人ひとりに合わせた個別のカリキュラムを組んで、ちゃんと自習の時間を取っているかを管理し、偏差値を上げ、合格してもらっている。カリキュラムは本部で僕や中森くんなどがしっかり作り、どの参考書をどの順番で取り組めばいいのか、そして「武器の揃え方」もすべて煉り上げました。あとは各生徒の個性と能力に合った勉強になっているかどうかを、担任がしっかり確認する。そういう方法なら「学習の三段階」をしっかりと身につけてもらえるのです。

そして、もし生徒たちが「学習の三段階」を徹底して実践し、ひとりでも勉強できるようになったら、いよいよ僕が「武田塾」を経営する必要もなくなります。そうなれば僕は政治家になって、公教育を変え、日本を変えたいと思います。

僕はわずか20年ほどしか生きていないのに、日本のおかしな部分にぶち当たり、自分自身が困った体験をしました。

きっと日本にも世界にも、おかしい部分がたくさんあると思います。そういったところを少しでも直し、困る人をできるだけ少なく、幸せになる人をできるだけ多くできればいい。

そう思って、僕はこの本を書いたのです。

あとがき　～この本を読み終わったあなたは「理解」の段階

この本では一貫して、当たり前のことを書いてきました。

予備校のシステム、カリキュラムへの疑問、授業を受けるだけでは伸びないこと、勉強には三段階あること、「一冊を完璧に」することの重要性、僕自身の体験、そして塾を経営する中で磨いていった考え方を織り交ぜながら、ここまで書いてきました。読者のみなさんも「そうか、成績はこうやって上げるのか！」と納得していただけたでしょうか。

もし、そう思ってくれたなら、第一段階は見事にクリアです。そう、みなさんは成績を上げる方法を「理解」した段階です。しかし、分かっただけでは成績が上がらないということを、もうご存じですよね。この本を読んで納得しただけでは「理解」段階に留まり、ライバルに差をつけられません。

この本を読み終えたら、今、勉強に使っている問題集などの「再構築」を開始し、できない問題を洗い出し、できるようにするんです。今、塾や予備校で使っている参考書を見直し、自分のレベルにあったものから順に「一冊を完璧に」した人だけが、僕の本の内容を「再構築」した人になります。

一度「再構築」したら、その作業を今後もずっと繰り返し、習慣化してください。そうすればこの本の内容が「記憶」され、成績は上がり、これからなにを勉強するにも困らなくなります。まさに一生の宝です。

しかし、もしかしたら「なんだ、当たり前のことしか書いてない」と思われる方もいるでしょう。ですが、この内容こそ勉強のできない生徒が知りたがっていることではないのか、今までの勉強法の本で抜け落ちていた部分ではないのかと思い、あえて書き続けました。東大でも早稲田でも慶應でも医学部生でもない、学年ビリで最終的に受験を失敗した僕だからこそ、できない生徒さんの気持ちが分かり、そんな生徒さんの力になれればいいなと思っています。

くどいようですが、この本の内容を「理解」だけで終わらせないでくださいね。そして、みなさんの周囲に勉強が苦手という子がいたら、試しに尋ねてみてください。「授業って、受けただけじゃ伸びないのを知ってる？」「覚え方って、ちゃんと知ってる？」と。

それでは、みなさんの健闘を祈っています。

一冊を、完璧に。

武田塾　林　尚弘

林尚弘の経歴

1984年11月19日生まれ。鹿児島で生まれ、千葉県市川市で育つ。市川市立南行徳幼稚園、市川市立福栄小学校、市川市立福栄中学校、県立船橋高校を卒業し、1年の浪人生活を経て、学習院大学法学部政治学科に進学。

高校合格と同時に通い始め、4年間通うも成績の伸びない予備校の真実を知るために、大学合格直後から大手塾、大手予備校で働き、教育業界の真実を知る。

大学1年時の12月、友人とともに株式会社A.verを設立、代表取締役に就任。家庭教師の派遣業を通じて正しい勉強方法を伝えようとする。

大学生と社長業の両立の中、大学1年時の成績で奨学生に選ばれ、奨学金約100万円を貰う。

大学2年時、2ちゃんねるやブログのヒットにより文京区本郷に武田塾設立。塾長に就任。

大学4年時、千葉県市川市に市川校、本校第二校舎を設立。

2008年3月、大学を卒業。

2012年10月、学校法人精華学園高等学校お茶の水学習センターとして通信制高校を開始。

2013年6月、東京都に西大島校、門前仲町校、千葉県にユーカリが丘校を新たに開校。

2013年9月、神奈川県横浜市にあざみ野校を開校。続々新規開校中。

沿革

2004年12月　株式会社A.verを設立し、家庭教師の派遣業を開始。

↓受験生を救うこと、教育業界を変えることを決意し、大学1年生で起業。

2006年1月　「武田の受験相談所」を開設。受験相談が殺到、逆転合格を続出させる。ブログランキング1位に。

↓独自のノウハウを世に広めるべく武田の受験相談所をネット上に開設。1月からという時期にもかかわらず、東大早慶医学部などへの逆転合格を続出させる。

2006年3月　「武田塾」設立

↓受験生の反響に応える形で、大学2年次に武田塾を設立。

2006年5月　塾生が全国3位に。

↓生徒数10名程度の小さな塾から河合塾全統記述模試で全国3位が生まれる。

2007年3月　逆転合格者続出。

↓慶應義塾大学文学部、日本医科大学など逆転合格者が続出。

2007年8月　フジテレビ「とくダネ！」の取材を受ける。

↓高校や予備校の合格実績捏造問題を指摘していた成果が認められる。

2007年10月　塾生が前年度の3倍を突破。

↓東北、関西、九州など、全国から塾生が集まり、生徒数が前年度の3倍を突破。

2008年1月　千葉県市川市に市川校を開校

↓塾スタートから2年目で2校舎目。生まれ育った市川に勉強方法を伝える。

2008年3月　再び逆転合格者続出

↓慶應義塾大学総合政策学部、早稲田大学教育学部、日本大学医学部、お茶の水女子大学理学部など、E判定の生徒たちが再び逆転合格。

2008年3月

↓生徒数増加を受け、本校2号館を設置。

2008年3月末　代表林が学習院大学法学部政治学科を卒業。

↓無事卒業。在学時に3校舎、武田塾をつくる。

教育方針

できる生徒をタダで通わせ実績とし、できない生徒はお金を払い合格しない。そんな予備校はおかしいという想いから武田塾はできました。予備校の集団授業、既存の教育機関では救えない生徒がたくさんいます。そんな生徒を救いたい。たとえできない生徒でも、進学校ではない生徒でも「個別」に「勉強方法」から教え「家庭学習を徹底管理」することによって逆転合格に導くことは可能です。

特記事項

❶「一冊を完璧に」させる家庭学習の徹底管理!

授業をうけただけでは成績は伸びません。家庭学習の徹底管理によって「一冊を完璧に」することによって成績を上げます。授業をしただけで終わる予備校とは違います。

❷できない生徒を救う逆転の方法論!

レベルにあった参考書を個別指導で次々に完璧にさせることによって、たとえE判定の生徒でも逆転合格に導くことは可能です。武田塾に入塾する90%以上はE判定の生徒です。そこから逆転させる「方法論」が武田塾にはあります。

メディア掲載履歴

毎日新聞　２００５年12月17日土曜日夕刊
都政新聞　２００６年10月5日号
とくダネ!　２００７年8月6日
読売新聞　２００８年3月18日
週刊新潮　２００８年3月27日号
読売ウィークリー　２００８年3月30日
WaSaBi　２００８年4月号
経営市場　２００８年8・9月号
ビジネスチャンス　２００８年11月号
など

講演実績

デジタルハリウッド大学　ベンチャー経営論など

<著者> **林 尚弘**（はやし なおひろ）

武田塾塾長兼株式会社 A.ver 代表取締役社長。学習院大学法学部政治学科卒業。1984 年生まれ。高校・浪人時代と合わせて 4 年間予備校の授業を受けるも偏差値が伸びなかった経験から、既存の「授業」に疑問を抱く。大学 1 年、20 歳で株式会社 A.ver（エイバー）を設立し、代表取締役に就任。「武田」のハンドルネームで行ったブログ「武田の受験相談所」がブログランキング 1 位に。間もなく武田塾を設立し、1 人ひとりの自学自習を徹底的に管理・サポートする「日本初の授業をしない」手法によって、E 判定から早稲田、慶應、国公立医学部などへ逆転合格者を毎年続出させている。武田塾のほかにも、通信制高校、ハンディキャップを背負った方への就職支援施設、カンボジアの貧しい農村家庭に育った女性の雇用創出事業なども手掛け、社会起業家として活躍する。フジテレビ「とくダネ！」「お台場政経塾」、読売新聞など、メディア掲載多数。

著書「参考書だけで合格する法」（経済界）など他 6 冊。

武田塾 HP　http://www.takeda.tv/

武田の受験相談所　http://takeda.livedoor.biz/

予備校に行っている人は読まないでください〈新装改訂版〉

2013年10月15日 第1刷発行

取材協力　馬場千枝（ライター）

著　者　林　尚弘

発行者　宮下玄覇

発行所　MPミヤオビパブリッシング

〒102-0083 東京都千代田区麹町6-2 麹町6丁目ビル2 階

電話（03）3265-5999　FAX（03）3265-8899

発売元　株式会社宮帯出版社

〒602-8488 京都市上京区寺之内通下ル真倉町739-1

営業（075）441-7747　編集（075）441-7722

http://www.miyaobi.com/publishing/

印刷所　モリモト印刷株式会社

　ISBN978-4-86366-911-6 C0037